帝国ホテルに働くということ

帝国ホテル労働組合七〇年史

奥井禮喜［著］
Okui Reiki

ミネルヴァ書房

1970年代の組合ビラ配布風景

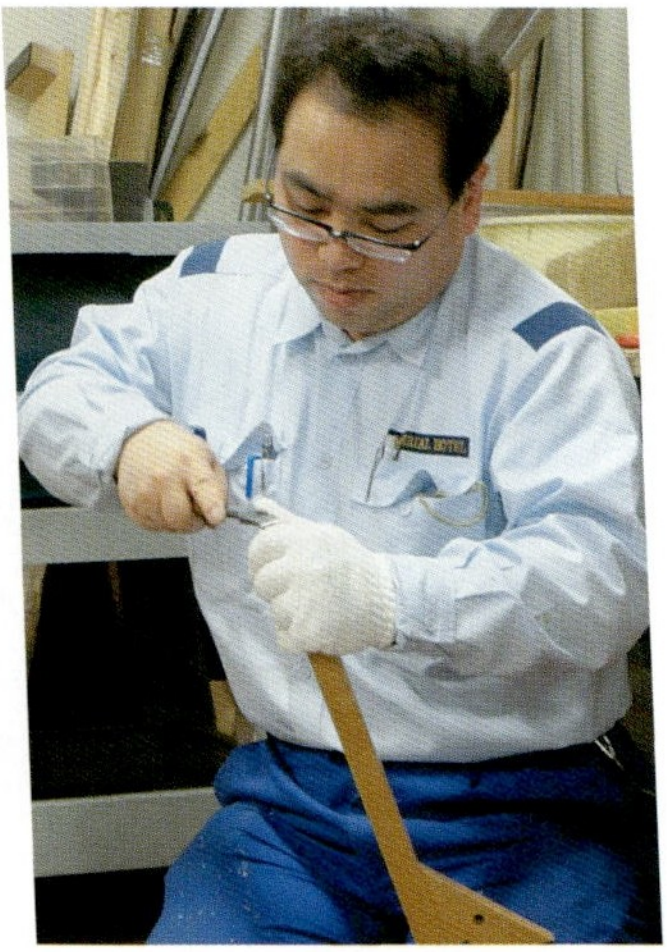

客室清掃のダブルチェック　　木工室でのイスの修理

スープの仕込み

東京支部での職場集会

ユニフォームの受け取り

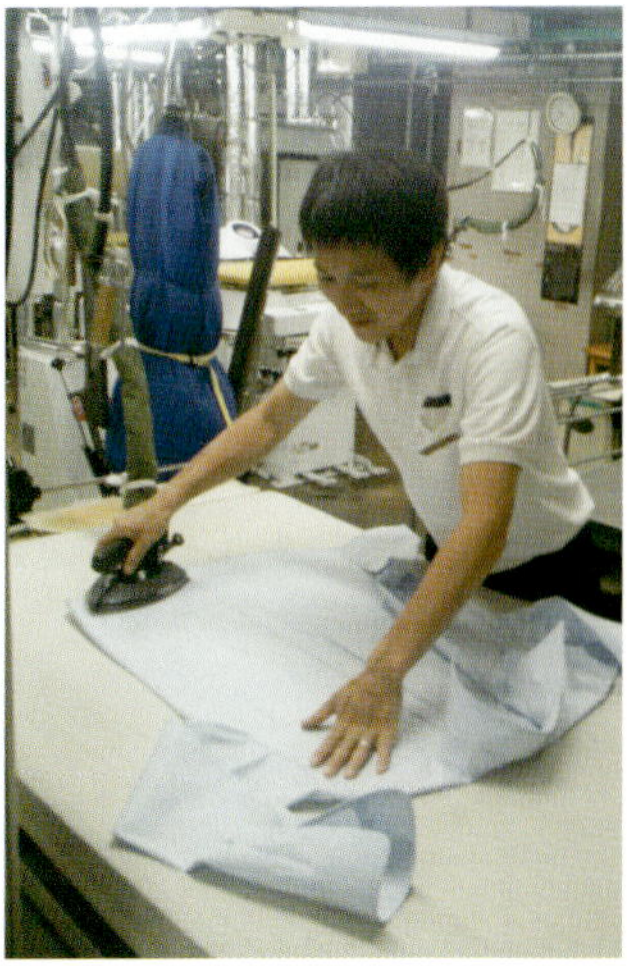

ランドリーでのアイロンがけ

大阪支部執行委員会

これまで作成された帝国ホテル労働組合の年史

はじめに

帝国ホテル労働組合が結成されたのは一九四六年五月二一日である。二〇一六年に創立七〇周年を迎える。節目を新たな出発の基地にしよう。その手がかりとして「組合七〇年史」を作ろうじゃないかという企画が提唱された。

委員長の岡本賢治さんは、「なぜ」「なんのために」「なにをしたいのか」を常々自問自答しつつ活動してきた。七〇年を目前にして、組合の来し方を振り返り、「もっとなにかするべきじゃないか」という気持ちがふつふつと湧いてきた。岡本さんは「みんなでつくる運動史」と表現した。

提案をうけて「作るのであれば面白いものにしなくては……」と声が上がった。組合活動は面白くないけれど面白く書きなさい、というのであれば無理な注文だ。発言したのは副委員長・後藤啓之さんだ。真面目が闊歩するタイプであるから、本人に似ていない肖像画を描けというような発言はしない。彼は、組合活動は（本来）面白いのだから、面白く書けと注文したに違いない。ひょいと刺激された。筆者も、昨今の組合活動は面白くないという気分に支配されていたからである。

ベルキャプテンで東京支部執行委員・山田將巳さんは、「熱き集団」のベルマンで、さらに熱くしたい思いを抱える張り切りボーイである。「ホテル・パーソンの仕事をもっと魅力的にしたい」のが願いだ。数年前から非専従役員になったので「自由時間がない」とぼやいた。筆者は「わたしは組合役員時代、したいことしているから自由時間だったけれどねえ」と口をはさんだ。「うむむ、そうか、仕事をもっと魅力的にするためにやっているのだから愉快なんだ。愉快は自由時間ですね」と打ち返してきた。

帝国ホテル労働組合の役員が組合に注ぐまなざしは、巷間口の端に上る組合と同じではない。もっと組合活動を面白くして、みんなが積極的に関わるための「なにか」を引っ張り出したい気持ちがにじむ。これ、当たり前の考え方であるが、具体化するのは容易でない。現実に多くの組合が見えざる壁にぶつかっている。容易じゃないから、やってみる価値があるのではないか。みんなで考えて工夫してみようというわけである。

中央執行委員・佐野暢巳さんは、単行本四冊分ある『帝国ホテル労働組合五〇年のあゆみ』を読んだ。ひりひりして、そして閃いた。

戦時中、先輩たちは命をかけてお客さま第一に働いておられた。戦後、組合結成後の苦心も並大抵ではなかった。それに比べればわたしたちは、そこそこ生活意識で甘えているのじゃないか。やるべきことはなんなのか。みんなが共感し、賛同し、参加する活動を作るために考えて話し合うことが大事だ、と思った。そうするためには「わたしが組合活動について改めてなにを求めていくか考える。（それはまずわたし自身を考えることであり）それが自分作りでもあると思います」。

組合活動を考えることは自分を考えることだという貴重な気づきである。組合はわたしである、わたしの力が組合であるという核心的気づきだ。

組合活動について考えることは、組合員一人ひとりを考えることである。歴史をさかのぼれば、組合活動を献身的に引っ張った人々がおられた。その精神、見識、努力は時代が混沌としていただけに、たいしたものだった。その善戦敢闘ぶりは、語り継ぎ、学ばねばならない歴史遺産である。

そこで七〇年史を書くについて、まず、組合員が日々なにを考え、いかなる思いを抱えて働いているか、話してもらおうという企画が生み出された。その視点を引っ提げて組合の来し方を再検証しようとするわけだ。岡本さん提唱の「みんなでつくる運動史」は、組合員一〇〇人・一〇〇時間インタビューによって幕を開けた。

インタビューの最大の狙いは、組合員（話し手）の人生を語っていただくことにあった。際立って印象に残ったことを紹介する。

第一に、どなたも仕事の目的が「生活の糧」獲得にあると言われなかった。もちろん報酬が上等で、これ以上は結構ですというのではない。仕事に懸ける自分の関心が収入第一ではないのである。春闘が、まだ春闘らしかった七〇年代の組合員意識と比較すればまったく異なる意識状態である。当然ながら、もっと賃金交渉をガンガンやろうというような発言はない。

筆者は一九六三年に労働組合の組合員になり、間もなく組合活動にのめり込んだ。先端技術の機械設計で活気に満ちた愉快な職場であった。初めて組合へ出かけて直ぐに気に入ったのは、職場よりもっと開放的で、職制上下・先輩後輩関係を意識せずおしゃべりしていることだった。うんと貧しい時代であった。生活のための労働意識が強く、だから賃金闘争となれば目ん玉をひん剥く。ビンボー青年のくせして、筆者は賃上げ闘争の盛り上がりにはのぼせ上らなかった。言葉は悪いが賃上げは所詮「出せ」「出せない」の取引だからである。惹かれたのは、賃上げ結果よりも働く人々の意気地・矜持、誇りみたいなものである。日ごろの制約をものともせず、自由に、あるがままに行動しようとする気風であって、それが心地よかった。賃上げ闘争の盛り上がりには、「わたしは欲する」と同時に「わたしは存在する」という感情が重なっていた。とくに後者は、筆者が好きな「働く人の美学」であって、今回、みなさんのモノローグから、それと共通した気風を感じたのが極めて愉快であった。

第二に、仕事の社会性を意識し、職業生涯を通じて自分が社会的存在たることをめざすという気風が著しかった。会社に勤めているのではなく、自分が愛する仕事であり、ホテル・パーソンとして在る自分を強く意識している。「これは、わたしの仕事なんだ」と話すときの誇らしい表情、「道を追求する」という気概、義務としての労働ではなく、仕事を通じて人生を創っていくという自覚は、聞いていて心を打たれた。

第二章では、帝国ホテル労働組合の七〇年の足跡を粗描する。

組合が、なぜ、いかにして大きな力を発揮してきたか、その歴史的歩みの先に現在の組合がある。ひと言でくくれば、かつて組合は、食べることから出発したのだけれども、その力は労使対等をめざして発揮された。そしていま、労使対等が確立したのであれば、組合はこれからなにに取り組むか。

組合が面白くなくなったのは、組合が単に組織・機関を意味するようになり、生きている一人ひとりが、自分が見えなくなり、お互いに見えなくなったのではあるまいか。主人公が主人公意識を失えば大衆運動は力にならない。「数は力なり」というが、いくら頭数を並べても、一人ひとりの知恵と力が集まらなければ「組合の力」が出せない。

人は自分がもっている力に気づいていないことが多い。気づかないのは、日々の仕事に追いかけられているか、周辺の人間関係に腐心しているか、あるいはあまりにも面白く暮らしているので無我夢中、酔生夢死状態にあるか。いろいろさまざまであろうが、なにしろ、流れ流され、立ち止まって考えることが少ない。考えなければ、想像できないし、発見も創造もできない。多くの組合が停滞し、さまよっている。組合員は組合活動に退屈している。では、もう一度「組合の力」を再認識したい。そして、なにをなすべきか。

企業の社会的責任が問われている。とすれば組合の社会的責任もまた問われているはずだ。社会的責任の実現に向かって、組合が前進を開始するとき、あらたに「偉大な力」が発揮されるのではあるまいか。わが国のデモクラシーの来し方と今後について重ね合わせて考えていただければ嬉しい。

本書のねらいは三つある。

①わたしたちは――いま、ここに在る――――現在の認識
②わたしたちは――どこから来たのか――――過去の再検証
③わたしたちは――どこへ行こうとするのか――未来への目標

七〇年の歴史は、組織を作ってきた人々の意思が創ったのであり、組織を作ってきた人々の知恵が創ったのであり、組織を作ってきた人々の行動が創ったのである。

二〇一五新年恒例旗開きで岡本さんは、「進化しようじゃないか、変わろうじゃないか」と呼びかけた。平凡な言葉であるが非凡な含蓄がある。進化論をもち出すまでもなく、後で考えてみれば、人も社会も変わるべくして変わる。現代社会は大昔から変わるべくして変わった結果としてある。

変わろうとすれば、主体が、目的を明確に定めて、必要な変化を――主体と状況――の双方に対して引き起こさねばならない。これ、口でいうほど容易ではない。体験的に認識されているのは、主体が働きかけて状況を変えるよりも、状況に合わせて主体が変わる

（適応する）場合が多い。

状況を変えるためには、まず自分が変わらなければならない。いまの組合運動から脱皮するために必要な見識である。退屈を克服する意思表明だ。これから変わろうとするためには、かつて「なにが」「なぜ」「いかに」変わって、あるいは継続してきたのか、その本質に迫らねばならない。立ち止まって、来し方を顧みるために「みんなでつくる運動史」の意義がある。

帝国ホテルに働くということ——帝国ホテル労働組合七〇年史　目次

目　次

第一章　組合の力・一人ひとりの知恵と誇り——組合員一〇〇人・一〇〇時間インタビュー

彼女はガルガンチュワ（ホテル・ショップ）で働く。もっぱら販売に携わっている。

「ホテル売店としては、よくがんばっている職場だと思いますが、お店が狭いですね。車椅子やベビーカーのお客さまが気遣いせずには通れません〔お客さまに申し訳ないという表情〕。

進路決定は高校時代です。ホテル専門学校を卒業しました。ところが就職をめざす二〇〇九年は前年にアメリカ発金融危機でしたから、容易に就職できません。一一年は東日本大震災で、なかなか思うようにいかず、アルバイトを三年し、昨年九月入社しました。ホテルって、不幸そうなことがないでしょ。お祝いだとか、お客さまもハレ気分で、明るいでしょう。働く以上は、明るく愉快にやりたいじゃないですか（笑）。

おカネもね、ひたすら稼ぐとか、おカネ、おカネっていうのは好きじゃないし、第一おカネが嫌いになったら嫌だから。あまりおカネを意識し過ぎるような仕事はしたくありませんね（笑）。

接客が好きです。お客さまがいろいろ思案しておられるときとか、もう一つ購買意欲が湧かないようなときに、ご提案して、お客さまが納得して買ってくださったりすると、とても嬉しいし」。

ところで、嫌なお客さまってのはいますか？

「ありますよ。わたしたちがカウンターにいると、私の隣の人に「キミ、かわいいねえ」なんて声掛けて（笑）。その人がカウンターの奥に入ったら、わたしに向かって「おい、さっさとやれ」なんてね（笑）。

そのお客さまの趣味に合うか、合わないかで態度を変えるなんてねえ。ぷんぷんしたいですよ。でも、わたしは平然と、ハイハイって仕事するんですよ（笑）。そうかと思うと、「急いでいるのよ、早く、早く！」なんて急かしておいて、お品を渡した後、ご友人とぺちゃくちゃじっくりおしゃべりなさったりしますとねえ（笑）」。

あなたは冷静に観察していますね。余裕綽綽じゃないですか。

「とんでもない、お仕事は非常に緊張しています。テンパっている。毎日仕事が終わると、後悔しつつ、紫煙を一服（笑）。日々「失敗する→反省する→慎重にやろう」というサイクルです」。

いま非常に関心の高いことは？

「えーと、肌荒れ（爆笑）！」。

——とまあ、こんな調子でインタビューが進められた。

おしゃべりは愉快だ。パワーだ。そして人生だと思う。

一人一時間・一〇〇人一〇〇時間インタビューには、仕事が終わってから、徹夜明け、わざわざ休日に出向いてくださった方もあった。簡単な質問を用意した。

①どんな仕事をされていますか。②仕事は気にいっていますか。③仕事と労働条件は釣り合っていますか。④自由時間はどんなことをしますか。⑤学生時代、学業以外にどんな活動をしましたか。⑥人生に影響を与えられたと思う体験がありますか。⑦毎日、どんなことに関心をもっていますか。⑧熱中するのはどんな「時・こと」ですか。⑨人生について「こうしたい・かくありたい」と思うことがありますか。⑩帝国ホテルで働いて、よかったですか。

質問は聞き手の関心であって一問一答が目的ではない。おしゃべりの糸口である。走り始めれば、どこへでもお付き合いする。筋書きが全然ない。聞き手と話し手によるダイアローグではなく、話し手のモノローグを聞きたい。聞き手は、人物スケッチをするつもりで臨んだ。

昔から自分を語らないのが日本人的処世術だ。以心伝心は禅坊主か達人同士の話であって、おしゃべりしなければコミュニケーションは成り立たない。職場の活性化を考えるのであれば、誰もが気軽におしゃべりできなくてはいけない。職場が、沈黙は金・雄弁は銀という気風になっているとすれば、すでに不活性化していると考えねばならない。

とはいえ、インタビューはプライバシーの公表である。名前を公表しないことは事前に伝えたけれど、馴染みの薄い、どこの馬の骨ともわからぬ聞き手に対して、自分の存念を話せば、いずれどこかへ伝わる危険性がある、と危惧されても不思議ではない。にもかかわらず、みなさまはまことに自由闊達にお話くださった。これ、特筆大書しておく。

日ごろの自分を語ることは、意識しなくても、自分の人生を考え、人生を言葉にするのである。

人間は、群れ（社会）で生活している。人間は社会的動物である。社会的存在であると同時に、個体（個人）本位の行動をする。個体本位と群れ本位の行動がいかに織りなされているか。組織や社会について考える場合、とかく群れ本位に注目が集まりやすいが、民主主義の社会においては、主体たる個人が、いかに考えて、個人と群れの行動を調和させているかという視点が極めて大切である。個人の視線を通して組織文化が浮かんでくる。

また、話し手の人生がいかに形成されてきたかという視点、自分史にも時間を割いていただいた。思い出すのが辛い過去もあるし、愉快な過去であっても、いまより過去のほうがいいのであれば、いまが相対的に辛いことにもなる。にもかかわらず、これらの質問を用意した理由は「人が育つ、ゆえに組織が育つ」という基本原則を大事にしたいからである。

ところで人生の日々は、たぶんうんざりするくらい退屈で、ほとんど変わり映えしない同じことの繰り返しであろう。たまたまドラマが発生すれば、さあ困った、どうしようか、というようなトラブルのほうが多い。人が「わたしの人生ですか。まあねえ、平凡そのものですよ」と応える場合、家内安全・無病息災の別表現なのであって、平凡こそ幸いというわけでもある。まさに人生はありきたりのことの連続、そして集積である。そこで「平凡な人生のなかに隠れているドラマを探せ」。

1　バーテンダーの心理学

バーを愛する人は少なくない。それもカウンターでなくてはならない。バーカウンターではホテルのみならず、その都市の雰囲気にも浸られる。記憶に残るホテルには味のあるバーテンダーがいた。

騒々しいのは願い下げだ。活気と騒々しさは別物である。お通夜みたいな静けさではなく、ちょっとした気品が漂うカウンターであってほしい。肩肘張らず、気の置けない、しかもおもねず、へつらわず。それはバーテンダーの心構えや人柄、雰囲気からもたらされるものが大きい。客は酒精をいただく。大言壮語して大騒動とはいかなくても、酒鬼とまではいかなくても、だいたいは気宇壮大になりやすく、躁傾向になりやすい（もちろん異様に暗いのもまた困るが）。どなた様か突然奇声を上げれば、気分はぶち壊しだ。ちょっとした言葉に引っかかってぐずり始めるのもいる。少し考えてみれば、バーテンダーの仕事はなかなかスリリングだ。バーテンダーはバーのホストであり、キーパーであり、作る人である。さらに、ホテルを代表する人ともいえる。

バーテンダーはカウンターを愛す

バーテンダー歴八年のTくんの観察。お客さまが来られた。シェリーを注文される。あ、これからお食事で、どなたかとお待ち合わせだな。海外のお客さまは、シェリーやジントニック。日本人客はビールが多い。「行ってらっしゃいませ」と送り出す。ややあって食事を終えたお客さまがまたバーへお出でになる。「お帰りなさいませ」。期待通りに戻ってこられると嬉しくなる。

「お客さまとは丁々発止的な対応じゃなくて、ちょっとひと呼吸おいて、冷静に対応するという感じがよろしいと思います。街のバーも行きます。ホテルバーは決してバーテンダーがぶれないのですが、あちらでは「おれはカクテルが得意だ」とか、「おれが好きな客だけ来ればいいいんだ」みたいな雰囲気がありますね。カウンターは愉しいけれど、知らずしらず精神的負担がありますからね。一日の仕事が終わると精神的緊張がほどけるようです」。

バーテンダーのみなさんは、誰もがカウンターをこよなく愛している。

チーフ・バーテンダーになって、書類作成・予約確認・個室打ち合わせ・支払い・お見送り・他部門とのコンタクトなどが増えた。カウンターに入られる回数が週二日程度に減って、じりじりしているEさんは語る。「わたしはじっとしているのが苦手だから、もっとカウンターで働きたいです。仕事は楽しいです。給与・処遇に格別の不満はありませんが、事務処理がねえ……(笑)」。

Rくんも「バーの仕事は楽しい。帰宅するのは朝の五時になりますが、たまに普通の生活パターン！　になると却って調子が狂ったりします(笑)」。

Yくんは、機械工学専攻から接客向きだと気づいて方向転換、ベンチャーの中古車買い取り・販売会社へ入った。面白くやっていたつもりだったが、いかにもおカネ、おカネの気風がモノ足りない。再転換して帝国ホテル入社、バーテンダーになった。黒服になって外の仕事が増えたが、もっとカウンターへ入りたい。「給料はガクッと下がりましたね（笑）。でも、これが「やりたい仕事」だったと思いました。接客が好きです」。

女性バーテンダーの先駆けとして

Sさんも、「女性バーテンダーを作るというお話があり、手を上げました。周囲からは「止めとけ」と言われました（笑）。ワインやお酒に興味を持っていました。バーテンダーって恰好いいなと憧れていました」。念願かなってバーテンダーになり、ソムリエ資格を取った。以来留学熱が高まり、英国オールド・コース・ホテルのロードバーで研修した。アイラ島ブルイックラディ蒸留所でウイスキー製造工程の体験もした。「あ、ピートを取り出す作業もね、長靴履いて……。女性では初めてだと言われました。おほほほ」〔とても嬉しそうである〕。

お酒を人生のテーマとして追いかけてきた。バーテンダー人生が愛おしくて堪らない。女性初のバーテンダー修業も、留学のための一心不乱も、自分が「こうありたい」バーテンダー人生にすべて直結しているみたいである。

「人材育成部立ち上げのためにレストラン部代表として行けと指示されました。泣きました。大事な仕事だとわかってはいますけれど」。短期間とはいえ、愛する酒精たちとの別れが辛かった。いまは黒服キャプテンで、バーテンダーではないが、「カウンターが好き！　入りたい！　得意はシェーキングかな。先輩に教わりました。シェーキングは地味できついです。手首を柔らかくしてね」。

唎酒師、ウイスキー・コニサーの資格も取得。人材育成部での体験から、みんながサービス介助士の資格を取得したほうがいいと提案する。ジャズダンス歴二二年、週二回、汗をかく。女性バーテンダーの先駆けとしてどこまでも、という意志を密かに燃やしておられるらしい。東京五輪で役立てようと、高校時代から目覚めたラジオ英会話を特訓中だ。愛するカウンターがエネルギー源だ。

詩人の感性

バーテンダーになるのは容易ではない。

いまは昔、銀座の一流バーでも「ジョニ黒・パーにオブキング」（ジョニーウォーカー

バーテンダーはカウンターを愛す

黒・オールドパー・キングオブキングス）で恰好ついた時代があった。ウイスキーにスコッチ、アイリッシュ、カナディアン、バーボン、ジャパンなどあり、匂いが、コクが……なんてことを、普通のお客さまが言うようになったのは、ここ三〇年くらいである。帝国ホテルでは、カクテルのメニューは六〇種類ほどあるが、最低二〇〇種類記憶しなければバーテンダーになれない。多い人は五〇〇種類マスターしている。皆さまがサラリと話された。その膨大な記憶容量にたじたじとなった。

「先輩は、俺は三カ月で覚えたと発破をかけられます。とにかく一所懸命、記憶するしかない。先輩が試験用紙を作って、仕事明けの時間を使って試験官になるわけ（笑）。気合で覚えました」。Yくんがカクテルのレシピを書いたノートを見せてもらった。几帳面に整然と書き込んである。宝物だ。

Tくんも、「カードにして覚え、またA4用紙に、何度もレシピを書いて。で、実際に作りながら体で覚えました」。

まったくの下戸、まさかのバーテンダーになったEさんの場合、先輩が、焦らず、慌てず、じっくりお酒に興味を持つように指導したらしい。教え方もさることながら、本人がその気にならなければ仕事に興味が湧くことはない。「下戸のわたしのために、ノンアルコール・カクテルを先輩が作ってくださったのですが、きれいで、おいしい。英語の単語帳方式で覚えました。アルファベット区分で覚えたり、スピリッツ中心に覚えたり、グループ別にしてみたり、いろいろ工夫しました」。「きれい」という感性、美的感覚が一つの武器になったのかもしれない。

はたまた、バーテンダーは詩人なのかもしれないとも思う。Yくんは上高地勤務の余暇に涸沢でひとときを自然とたわむれた。彼は感じた。「音がない世界だ。葉っぱの音が聞こえる」。バーテンダーに詩情は大切だ。バーには、寂しい、孤独な客も来る。高級ホテルのバーカウンターで独り酒の背中が妙に浮き上がるようでは面白くない。はぐれ鳥が漂いつつ沈んでいくような止まり木ではないのである。そんなとき詩人の感性が発揮されよう。難しいのは、マティーニ（ジン・ベルモット）やダイキリ（ラム・ライムジュース・シロップ）だ。レシピが単純である。つまり、ごまかせない。あるホテルのバーテンダーに聞いた。マティーニを一口啜って「お代わり」を三回繰り返した客もいる。どういたしましょう？　などと聞くわけにはいかない。客は四回目にすべて飲み干して立ち去った。彼はじっとり気持ちの悪い汗をかいた体験を忘れていない。

Rくんも体験した。「わたしも経験があります。ジャックローズ（カルバドス・ライムジュース・グレナデンシロップで作る）を突っ返されたことがありました」。Simple is difficult! なのである。

そうかと思うと、Yくんは、「お客さまが、まずいマティーニを作ってくれとおっしゃいます。微妙な味の違いがあるとはいえ、格別まずくなるわけはない。結局、長く攪拌して水っぽくしました。おいしくはありません。お客さまもそれで納得なさいました」。

レシピ通りに作っても、うまくもまずくもなるわけだ。レシピを記憶しても一丁前ではない。「おいしくなれ、おいしくなれ」と心の中で語りつつマティーニを作ると言ったバーテンダーがいた。「ピカピカに砥ぎあげたナイフみたいに鋭くしてくれ」と注文する客は少なくないが、これは逆だ。

マティーニは心理学である。バーテンダーとして一人前になるのは容易なことではない。

上等の社交場

「カウンターは人間関係の舞台ですね。人間模様と言いますか、わたしたちはお客さまのために舞台を提供しているようなものです」。Rくんの名言、いただき。これ、バーカウンターに限らない。ちょっとシェークスピアを気取れば、「ホテルは劇場、ゲストもホストもみな役者」。

彼の妹分にあたるバーテンダーMさんが語る。「接客したかった。カウンターですから、お客さまとの距離が非常に近いです。いつも誰かの視線を受けているようで、恰好つけるわけではありませんが、恰好良くやりたいと思っています。わたしの技術を確かめようというような（お客さまの）雰囲気を感じると、肩に力を入れないように、さりげなく作ってお出しするようにします（笑）。……カクテルも茶道みたいなところがあります」。

なるほど茶道流にいえば、バーカウンターも「和敬清寂」というわけだ。彼女は日本舞踊を二〇年学び、最近も舞台に立ち「鷺娘」を踊った。雪の中で水辺に佇む白鷺の精が娘になり、最後は地獄の責め苦（恋）に悩むという難しいソロの舞踊である。華道・茶道の師範である。某日、彼女は杉本寿氏（東京駅ステーションホテルのバーに勤務。日本バーテンダーズ協会・特別表彰を受けられた）の仕事ぶりに接した。「超ベテランの存在感をまざまざ見た思いがしました」。まさに、見られていることを知る役者であり、他者を慮る心理学の実践者である。

バーテンダーの皆さんはお客さまとの関係をどのように考えているだろうか。みなさんが言われる。

「自分のお客さまが来られるときはとても嬉しい」。

Yくんは「スタッフが元気溌剌としているかどうか。みんなが自由にしゃべられるように気をつけています」。Rくんは、仲間とのチームワークがいいのが最大の自慢である。そして「お客さまは神さまとは思いません。お客さまは、お金を使ってくださる人ですが、お金に頭を下げてはいけない。人間としては基本的に対等だと思いますね」。これ、立派な見識だ。そもそも神さまはお金に手をお出しにならない。だから、どなたとも肩肘張らずおつきあいできるように努力する。

「時間を作って本を読みます。いまも先輩が勧めてくださる本を読んでいます。できるだけ本を読むように心掛けています」。「ただ酔うだけの酒、ただ読むだけの本」という言葉がある。上等のカウンターは上等の社交場である。お客さまがマティーニのグラスを持ったからといって必ず紳士淑女ではないが、バーテンダーは、ますます紳士淑女を磨こうとしているのである。

Tくんは親子二代の帝国ホテルバーテンダーである。「最近は父親に葉巻を教わっています。海外の方はとりわけ葉巻を愛される方が多いですし。葉巻の雰囲気は好きですよ。残念なのは、わたしがまだ若いからバチッと決まったポーズにならないようで（笑）」。葉巻は、バーやコース料理（後）に溶け込む。そうそう、開高健は、「一本のロメオをふかすために帝国ホテルへ出かけてビフテキを食べた」とどこかに書いていた。

そして、Mさんの泣かせるセリフだ。「仕事は遊びではないけれども、楽しんでできるのがとても嬉しいです。お客さまとお話しているのが好きです。仕事感覚がどこかへ消えているんです」。

「なりたい自分」になる

みなさんの人生を少し覗かせてもらった。

「辞めたいと思って悩んだことがあります。先輩が「お前、お世話になった人がいるだろう。もっと、しがみついてみたらどうなんだい」とアドバイスしてくれました。なるほどお世話してもらった人に辞める理由を説明できないようではいかんと思って踏みとどまりました。いい先輩ですよ」。

「耐える時間がすごく必要だと思います。がまんする。投げ出さず。嫌なもの・ことであっても、その本質と対決して投げ出さず」。

「社会人になる前、やりたいことがしたいのは誰しもでしょうが。わたしはやりたいことがわからないような時期を通りました。行き当たりばったりで決めたのかもしれない。とりあえず一年やってみる。まだ気持ちが決まらなかったら三年やってみる。いま、三一歳になりました。日々同じことばかりやっていると、人生が固まってしまいますよね。これでは伸びない。自分を作っていく意識が必要だと思います。一〇年後に「なりたい自分」を想定して、それを目標に、日々追求するようにしています。やがては自分のことばかりじゃなくて、みんなの役に立つようになりたいです」。

さらっと話された方も、沈思しつつ話された方もあった。重たいけれど、清々しい言葉を聞かせてもらった。

2　ガルガンチュワの窓から

販売の仕事は、売りたい品を抱えている売り手と、買いたい品を求めている買い手の呼吸が合致した場合に商談成立する。

モノは溢れている。消費革命といわれたのは一九五九年、スーパーが本格的に台頭したのは一九六〇年代、スーパーが百貨店を追い越したのが一九七二年だ。いま、スーパーをはじめ小売業界は容易ならざる消費事情にひりひりピリピリしている。先進国の粗鋼生産がピークを迎えたのは一九七四年だ。これ、わが国の経済成長のピークを意味する。以来、世界の粗鋼生産が伸びているのは、いわゆる途上国の経済発展に依拠している。

人々の欲望（購買意欲）を煽れば売れた時代はとっくに昔語りになった。極端にいえば、商品は溢れている。これは、あそこの、あのお店でしか求められないというような商品は少ない。まして日常に消費する商品であれば、あのお店のこれというようなこだわりのモノではない。難しい話はともかくとして、商品力に加え、販売する人の個人力、お店の魅力を追求し続けなければならない。

シュレッダーで一大企業を作った高木礼二氏の思い出がある。氏は、コピー機会社の採用試験に合格した。採用が決まって、ところで給料はおいくらかと尋ねる。人事マンが一万円だと答えた。それは困る。わたしは三万円もらわないと家族を養えない。そりゃあ無理だ。すったもんだあって、人事マンが「では、コピー機を自分で販売したらいかがか。歩合で稼いだだけ実入りになります」。氏は自転車に当時の小さなコピー機を積んで、あっちの会社、こっちの会社の門を叩いて歩いた。そして、そのセールスマン人生が大きく開花し、実ってシュレッダー会社を立ち上げられた。

秘密はなんですか?

「わたしは絶対値引きしなかった。いくら値引く?　と問われると正価でご購入くださいと応えました。職場で苦労して作ったものをおいそれと値引きできるものじゃないでしょう。〔それはそうだが〕

どうしても値引きしなさいと言われたら、他のセールスマンはコピー機だけを売っているのです。わたしは、コピー機を売るだけではありません。わたしを一緒に売っているのです。安いものじゃありませんか、とお願いしたのです」。

一夜じっくりとお話を伺った。非常に興味深い話であった。一晩考えた。「わたしを一緒に売る」というのが殺し文句らしい。しかし、販売の精神を持ち合わせぬ不肖には、あれから三〇年も過ぎるというのに、いまだ消化できない。情けない。

翌日、講演会場へご案内する車のなかで、氏は筆者に、「いまの仕事なんて辞めて、うちへおいで。一人前のセールスマンにしてあげるから」と懇切なお誘いをされた。もちろん、尻尾を巻いて、丁重にお断りした。

接客が好き

ホテル・ショップで働くみなさんはこもごも語られた。「お客さまを記憶することとの大切さを学びました。嫌なことがあっても、顔に出さないことが大事だと思います。これ、なかなか難しいです。自然な笑顔というのが、また難しいですね。買い物に行ったとき、自然に、作った感じではなく、ずっと笑っている人がおられて、すごいなあと感心することがあります（笑）」。

「接客が好きです。常に、気を引き締めて、細かいところにも気配りして、なにを希望

開店前のガルガンチュワのスタッフ達

しておられるか、お客さまが期待しておられるであろうことにプラス・アルファをという気持ちです」。

「接客が好きでなければ力を発揮できません。お客さまと話ができて、喜んでもらうと幸せな気持ちになりますね」。

「接客に興味を持っていました。お客さまが、「また会いたい、来たい」と思われるような応対をしたいです。そのためには、わたしもお客さまを好きになるように！　お客さまから名前を呼ばれて、とても嬉しかったですよ。わたしは記憶がなかったのだけれど……(笑)。これを忘れないようにしなくては」。

誰もが接客が好きだという。これは第一条件だ。自分が好かれるためには、相手を好きになる。これもわかる。ホテルがハレで、ゲストもホストも明るく、ホストは楽しく働く。これもわかる。まさにその通りの心構えで、感心しながら納得した。そして、笑顔だ。これは難しい。

忙しくても笑顔を

常連が多いから、顧客意識が高い。いちゃもんがつくこともある。

Rさん、「わたしがぶつかったクレームは、態度が大きいとか、商品の味が落ちたというようなことです。いつも笑顔で接しているつもりなんですけれどね。味が落ちたというものの、当ホテルは伝統を大事にして一所懸命にやっていますから、そんなことはないと確信しますが、口幅ったい応対はできませんから、なんとか理解したいと思って拝聴します。でもねえ……わたしも忙しいときでも笑顔を大事にするつもりです。笑顔です！」。

割り切れないが、気分の切り替えも大事。Rさんは音楽が好きで、アルト・サックスをやっている。結婚披露宴では新郎がギターで、デュエットを披露した。

ベテランのMさんは語る。「お客さまは神様ではないと思います。帝国ホテルのブランド価値というのは、お客さまに対してなんでも安心感や信頼感を持続することではないでしょうか。人間対人間なので、対等な人間同士の間で、サービスに見合う対価と交換することだと思います」。

慎重にやろうという緊張感と、にこやかで自然な笑顔というのは、素人の考えでは、やはり二律背反に思えてくる。なるほど難しい。そして、売れればよろしいという考え方は、どなたもお持ちではない。ひょっとすると、これが高木氏の言われた「わたしを一緒に売る」という言葉の一つの側面ではあるまいか。「販売」「接客」の核心に、少しだけ薄明りが射したような心地になった。

いい舞台、いい演技

ベテランHくんは語る。「概していずこのホテルでも、ホテル・ショップはフロントの片手間という雰囲気ですが、わたしたちのガルガンチュワは、それ自体が帝国ホテルというわけです。

わたしはお客さまを常にきちんと「観察する」ことが大事だと思います。お客さまに接しているわたしたちがアンテナです。そしてお客さまの情報を把握して、みんなで共有することが大事です。ホテルは舞台で、お客さまとホテル・パーソンとが役者、いい舞台で、いい演技をする。ホスピタリティという言葉は、いわゆるボランティアではないのであって、「いい舞台でいい演技をする」というお客さまとホテル・パーソンの双方に暗黙の合意があって、いい時間が流れていくことではないでしょうか」。

なるほど、帝国ホテルのホテル・パーソンとしてのプライドは、一流のホテル・パーソンとして迫真の演技をすることであり、一流たらんとすれば、自分の演技も他者の演技も、冷徹かつ精緻な視線で透徹しなければならない。一流の役者としての「余裕」が笑顔になるということではないか。

薄利多売・ロープライス、長時間労働が売り物の某量販店から転身したEくんの弁だ。「仕事は生きる一部ですね。なんというか、生きる上での……自分を成長させていく方法みたいに思っています。帝国ホテルで働いて、働いている誇りと言いますか、以前は感じられなかったなにかがあります」。

Sくんは、いかに生きるべきか、折に触れ考え勉強している。「仕事でもなんでも無理をしない。そして失敗を恐れない。自分の気持ちに真っ直ぐに生きたい」。

Eくんは、若い人たちにエールを送る。「夢を持つ人も持たない人もいますね。夢が持てないと思い込んでいるというか。好きなことをやっていいんだ。自分を磨き上げていこう！」。

Tくんは、「わたしはどうも落ち込むタイプでして……（笑）。ドジしても次の日まで持ち込まない。そして、笑いがある、ユーモアがある、好きなものを好きっていえる、勇気のある感じの人間になりたいです」。

Rさんは語る。「帝国ホテルのスタッフは、みんなホテルが好きですね。そして誇りを持っています。（以前の会社が期待と異なっていたのと比較して）職場のモラールが非常に高いと感じます」。

3　オペレーターの机上に光る鏡

「人間は社会的動物である」という。

コミュニケーションは、社会的動物としての核心である。コミュニケーションは社会的関係を維持するための方法ではなく、社会自体がコミュニケーションであると考えるべきではあるまいか。はじめに社会ができたのではなく、コミュニケーションがはじまりなのだ。つまり、コミュニケーションが成立してこその社会である。コミュニケーションなくして社会なし。

ホテル・パーソンをめざす人々に共通しているのは、接客が好きということだ。接客を仕事にしたいと希望する人は、コミュニケーションすることが嫌ではないだろう。ただし、コミュニケーションは一筋縄ではいかない。コミュニケーションの難しさと対峙している人々のお話を聞いた。

笑顔を映す鏡を置いて応対するオペレーター

座っているのに「足が棒になる」

オペレーターの仕事は、社内外の電話を受ける電話交換手である。コミュニケーションの精神と技術を必要とする。しかも対面しない。「聞く」「話す」、耳と口の仕事だ。耳と口だけで片付けねばならないのだから、ラクな仕事ではない。見えざる相手を想像しつつ、相手のリクエストを的確につかまえ、適切な回答を与えなければならない。

集中力散漫ではこなせない。これ、素人にもわかる。なおかつ、見えない相手に対して笑顔で感じよく応じるのがモットーである。オペレーター職場を見学した。ガラス越しにピリピリした雰囲気を感じた。彼女たちの机上でなにか光るものがある。笑顔を映す《鏡》であった。チャップリンは、映画にトーキーが入っても、しばらくはサイレント映画にこだわった。パントマイムこそが世界共通語だと確信するからであった。オペレーターは耳と口だけで映像がない仕事だ。

職場は女性二九名。早番・遅番・夜勤がある。三交替勤務である。ホテルの代表電話は二四時間切れ目がない。

Yさんは中堅だが、新人時代に宴席名を聞きそびれた体験を忘れない。「基本的なことを基本通りにする。これを常に心がけています。（相手に面倒に思われても、不興を買っても）確実・正確を期すべきで、中途半端に応対してはいけないと痛感しました」。

電話内容を失念したとか、ホテル内他部門業務の知識が不十分でもたつく。言いたいことがうまく表現できなくてもどかしいこともあった。日本語だけではないし、ホテルの品位を保たねばならない。日ごろ雑駁な日本語を話している筆者としては怖気すら感ずる。「なんとか電話に慣れてきましたら、今度は対面が怖いような気がしてきました。接客が好きでホテルの仕事に就いたのに、おかしな話ですよね。つまり、対面では「保留ボタン」がありませんから（笑）」。

オペレーターを二〇年担当したベテランKさんの述懐が裏付けている。「初めは電話が怖くて……。ですから家で泣いていました。なんとか慣れたのは四年経ってからです。それからは楽しくなりました。今度はゲストサービスで対面してのお仕事です。こちらでは三年目ですが、まだ対面接客が怖いです（笑）」。

こちら、ベテランのSさんも、「電話の仕事は長くやっていますから、慣れてはいますが、なにがくるかわからない！　はじめは怖かった。入社二五年になります。でも、仕事はわかっているようでわかっていない。仕事の心構えの柱は「想像力」を働かせることです」。

なるほど、直接使うのは耳と口だが、実は全精神を集中して、「相手を理解しよう」とするのである。一日終わると座っているのに「足が棒になる」、全身ぐったりすると話された人は多い。オペレーターの仕事は頭のてっぺんから足の先までなのだ。携帯で自由自在におしゃべりできても、ここでは違う。オペレーターは《プロとして》電話で会話をする！

Sさんは、「お仕事していますと、もっとサービスして差し上げたいと意欲が湧くお客さまがおられます。ホスト側のサービス心を引き出す雰囲気をお持ちなんですね。そして、

「ありがとう」と言われると本当に心が躍ります。電話のお仕事の醍醐味は「わかり合えた喜び」ですね」。

電話で相手の雰囲気を読み取る！　彼女の表現は地味であって、そのまま聞き逃しそうになった。相手の徴候はたぶん小さなものであるだろう。しかし、そこから「ありがとう」までの距離は決して小さなものではない。達人である。想像力がコミュニケーションの核心といえるのではなかろうか。

ホテルを代表する仕事

オペレーターの職場は掛かってくる電話が絶えない。「たとえば外線では営業関係や広報関係などひっきりなしですし、お客さまからの電話も絶えません。なんでも「コール・ナンバー9」というわけです。お客さまは何でも聞いてこられます。いろいろな知識が必要になります。このホテルの結婚式に出席するが祝儀はいくら包んだらよろしいか。お別れ会に招かれ、平服でという案内だったが、どんな格好したらよろしいか（笑）。ご自分でお考えくださいなんてことは絶対に言えません。非常にスリリングな仕事です」。

これ、いま仕事に乗っているIさんの発言だから重みがある。仕事の本質を突いていると思われる。仕事に慣れるまでが大変だった。「入社当初は、仕事が嫌で仕方がありません。ホテルに入ったのに、全然ホテルが見えません。孤独感が強かった」。

彼女は孤独感をいかに克服されたか。「上高地帝国ホテルでフロント勤務になりました。ここでは専門のオペレーターはいません。フロントですべての電話をとり、予約を受け付け、チェックインのお客さまに応対する。あーっ、電話が面倒くさい。オペレーターがいてくれたらなあ。はたと、オペレーターの必要性に気付きました」。

そして、彼女は「ホテルを代表しているといってもいい仕事だ」と確信を持った。電話の仕事自体はどこまでも各人がやらねばならない孤独性を持つが、ホテルという全体の、それも最先端の触覚、アンテナとしての仕事の価値と、重量感を理解したことによって、孤独感を克服したのであろう。

しばしば彼女は配偶者と飲んでおおいに盛り上がる。

「若い人が仕事や職場の話を好まないといいますが、よい結果が出れば満足しますし、当てが外れたり、失敗したとしても、後から振り返れば、滑稽であったり、苦い笑いであったりして、決して嫌な話ではないと思います。当たり障りのないテレビの話で盛り上がるほうがおかしいですね」。

やりがいを大切にする

かつて辞めたい思いに悩んだYさんだが、いま、やりがいを感じている。「コミュニケーション能力が大事だなとつくづく思ったんです。勉強ももちろん大事ですが、ドラマ、音楽、文学など、できるだけ精神活動の分野を広げるべきだと思います。幅広い教養をもった人間になることが大事ですね。お仕事は、もちろん働かないと生活できないけれども、なによりも生きる活動の一つです。いま感じている「やりがい」を大事にしたいです」。

ワインエキスパートの資格を取り、さらにコムラード・オブ・チーズ（チーズのソムリエ）に挑戦するベテランAさんの話だ。忙しい。きつい。一日六〇〇コールくらい電話を取る。けろりとした表情で、「ワインが好き、自分がなにを飲んでいるのかわからないより、わかったほうがいいし、それを伝えられるともっといいと思いました。チーズは高いですから、他の受験仲間と上手にシェアして勉強しませんとねえ（笑）」。

彼女は、またけろりとした表情で、「自分の世界をもっと広げたい。食文化や、ホテルというものを伝える仕事をやっていきたい。たとえばソムリエ試験なども七〇点取れば合格しますけれど、それではよろしくない。パーフェクトをめざす。一〇〇点をめざすという気持ちを掲げてやってきました」。

社会的動物としての人間、教養を磨いて、大きくなればなるほど、当然ながらコミュニケーション能力は高くなる。仕事のためだけではない。人生を大きく膨らましていくのだ。そして、コミュニケーション能力の高い人が増えてこそ組織も社会も成長するはずである。

4　フロントマンの人間観察

ホテルに宿泊するとき、フロントで署名する。慣れてしまったから、最近はなんとも感じないけれど、いわば契約書に署名するのだから、署名を促すほうも、署名するほうも、考えてみればちょっとした荘重な儀式である。ほんの二〜三分の通過儀式とでもいうか。三年くらい間隔が開いて、しばらくぶりにホテルへ行った。玄関を入った瞬間に二〇メートルほど離れたフロントから「奥井さま、お久しぶりです、お待ちしておりました」と声が掛かった。いささか恐縮しつつ、嬉しかった。バーはともかく、フロントマンとは馴染みがないつもりであったから、ひとしおである。

一生ものの手帳ができた

フロントマンは、この二〜三分をおろそかにしない。

「お客さまはインターネットで調べたり、顧客名簿を見たり、直接お会いしたお客さまを忘れないように心掛けています」、これ、新人Nくんの話。さらに、「ホテルが好きです。心掛けているのは第一印象を大事にすること。そして、笑顔！」。

彼の先輩Mくんは語る。「お客さまを覚えるために、チェックしたり、調べたり、どんどん記録を作って一生使う手帳ができました。いまは、インターネットで検索できますが、以前は結構大変でした」。

後輩は、真剣な表情で言われた。「まず、先輩の言われることをよく聞いて理解し、消化する。これが出発点だと思います」。

ベテランの話だ。「一応仕事をこなせるようになったからといって、もういいやとは思いません。仕事には「やりがい」を見つけようと思うのです。社会にはいろいろな人がおられます。人の数だけ、ものの考え方、モノゴトの感じ方がありますよね。マニュアルに書いてあるような調子で接客したとしたら、失敗します。人間観察の気持ちを忘れてはいけない。瞬時にして、相手の考えておられることを洞察する。理屈でいえば、これが大事

ホテルの顔、フロントマン

です。接客の仕事は奥が深い」。

マニュアル通りの接客のバカバカしさに関する笑い話は世間にゴマンとある。なるほどマニュアルは、ある程度の水準維持には有効であろう。しかし、マニュアル通りに行動する怖さは、主体性欠如や思考停止状態として現れる。自分のマニュアルは自分で作る。これがホテル・パーソンの仕事術だ。

「わたしが帝国ホテル」という自負

二四時間、休みがない仕事だ。夜勤も多い。Tくんの感想だ。「狭い檻に入れられたような気分がしないでもないわけで（笑）」。行動範囲は狭いが体力勝負の仕事でもある。気遣いは相当なものである。Mさんはしみじみ語る。「お客さまを、長い時間お待たせしてはいけません。これ大原則です。お客さまが集中してフロントが混雑すると、合図して、中で働いている方々に出てきてもらうのです。そうすると、今度は中の仕事が手薄になって遅れます。これでは一件落着とはいきません（笑）」。

フロントの中を見学して驚いた。いつでも応援しまっせというようなゆったり感は全然ない。狭い室内で、忙しく働く皆さんの緊張感に圧倒される。酸素が薄いような気分に襲われる。フロント業務は、一球入魂の勝負である。

Nさん、「活気を感じさせるのは表面的なポーズだけではありませんよね。ホテルはたくさんの人が働いているのだから、組織文化が質的に高いものでなくてはならないでしょう。……勉強しなくちゃ」。

勉強という言葉がひっきりなしに登場する。「専門学校時代、皆さんはホテルに対して熱い思いを持っているという雰囲気で、なんだかわたし一人が違っているみたいでした（笑）。でも、実際入ってみなければどんなものかわかりませんよね。夢と期待でなんとかなるわけではない。わたしはホテルで働いて（人生を）勉強しようと思いました」。

身辺、周辺で発生することがすべて勉強の対象である。

「帝国ホテルは「お客さまのクレームで成り立つ」とわたしは考えています。クレームはお客さまの感性であり、ご意見ですから、きちっと受け止めて、十分にこなして、新たな知恵に高めていく。先輩上司は、クレームが来た場合、嫌な顔をせずいそいそ出向かれます。最初は不思議でした。でも、よく考えてみれば、お客さまとじっくりお話できる大事な機会ですよね。もしかして、お客さまが問題を感じられても、知らん顔して帰って行かれるとすれば、たぶん、いまの帝国ホテルはなかったのではないか、と思います。これからの人生は……どんな時であっても勉強していたい」。

蛇足になるけれど、これ、わたしが帝国ホテルであるという自負でもある。

5　お客さまとのドラマ

いまや観光立国が叫ばれている。それを担う日本のホテル。

ちょっと大きいことをいえば、人々はホテルを自分の根城とし、出かけたい所へ行くのだから、まず、安心・安全でなくてはならない。観光立国にしても、それを担うホテルにしても、まさに平和の象徴である。

大都会でも小都会でも、大きいのや小さいのや、ホテルには独特の、よろしいのやら、いまひとつなのや、それぞれそれなりの雰囲気がある。そしてホテルは地域の文化拠点である。地方都市ではとりわけその感を強くする。ホテルはシティホールでもある。

ホテルが期待される快適感は居心地の良さであるが、いくら建物がピカピカでも、使い込まれていないと、どうせ短い滞在であるにもかかわらず、落ち着かない。老舗ホテルの人気が高いのは、すなわちホテルの成熟が愛されるのだと思う。成熟していないホテルは一流ではない。ホテルを成熟させるのがホテル・パーソンの仕事である。ホテル・パーソンが成熟しなければホテルは成熟しない。

ここに、お客さまという存在も無視できない。客筋である。お客さまはもちろん一流ホテルを求めるとしても、場違いなお客さまだっておられる。ホテルの器も人も素晴らしいが客筋がねえ、という話もある。とはいえお客さまを教育するわけにはいかない。いろいろさまざまの事情を背負ったお客さまが、気分よく、抵抗なく、ホテルの雰囲気に染まるというのが一流ホテルなのではあるまいか。お客さまもせいいっぱい自分の上等な資質を発揮したくなるようなホテルが最高のホテルである。

つまり、ホテルは包容力である。ホテルの包容力を演出するのは、やはりホテル・パーソンである。

フォアグラに火を通すな

いまは別の部門で働いておられるYくんが、ウェイター当時、すごく混んでいてあたふたしていた。ようやくご夫婦にサラダをお届けしたら、いきなりグラスのワインを掛けられたのだ。お待たせ時間二〇分程度だった。隣席の客にもしぶいて、レストラン内は、冷凍状態になった。

関西ならば、待たずに帰ったであろうから、被害発生しなかったのにねえと慰めたけれど、「こんな経験は滅多にできませんから、よい経験だったと思っています」と笑っておられた。ランチが超繁忙になるレストランの中堅Sくんの述懐だ。「順番待ちしておられます。わたしは出身が大阪なもので、大阪人はイラチが多く、順番待ちを敬遠しますからねえ」。そのひやひや気分がよくわかる。

Rくんの印象に残る話。「熱いお茶でこてこてに冷たいのを、と言われたことがあります（笑）。議論するのもおかしな話になるので、具合のよいと思うお茶をお出ししました。そうすると、もっとぬるいのを、とおっしゃるので差し換えました。ご年配でしたので、話のきっかけを求めておられたのかもしれません。フォアグラに火を通すな、とおっしゃる方もありますが、衛生上、当ホテルでは必ず火を通します。ご注文に添えませんが仕方がありません」。

Sくんも体験がある。「メニューに載っていない料理を頼まれたりします。以前、作ってもらったぞとかなんとか（笑）」。

Hさんは、「店内満員で、カウンター席におられたお客さまの隣に外国のお客さまをご案内しました。それが気にいらないとして、フロントで三〇分苦情を言われました。外国のお客さまはご常連で、いつもその席にご案内しています」。苦情を言ったお客さまは月一くらいお出ましになるが、いつでもなにかと苦情を言うそうだ。これらのタイプは、帝国ホテルだから、なにか文句の一つも言ってみたいという感じである。本当に不満があるのであれば、二度と来ないはずだから。しかし、彼や彼女は笑顔で耐える。タフでなければサービスの仕事は続けられない。

ベテランYくんは、「嫌なお客さまですか……。まあ、そのように感じたことも少なからずありました。三〇代に入ると自分の技量が足りなかったのだと思うようになりました。嫌なお客さまだという意識が年々なくなりました。逆になんか苦情でも言ってくださるほうが面白いと思うようになりましたね（笑）」。中堅Rくんはそんな先輩を見ている。「先輩を見ていると挙措・動作がきちんと決まっています。間違っても取り乱すなんて雰囲気がありません。憧れます。わたしもあんな風になりたい」。

ベテランYくんは語る。さらなるベテランをめざすのだ。「年配者は安定感がありますね。わたしも早く歳をとりたい」。

みなさんの自慢、誇りは、リピートのお客さまが多いことである。もちろん帝国ホテルのブランドがあるのだが、それを維持しているのはみなさんの善戦健闘があってこそだ。みなさま、いろんな心構えを披歴された。

「さすが」と言われる責任

Hさん、「電話でも、フロントの接客でも、笑顔で、流れ作業になってしまわないようにします。はじめはなかなか思うように仕事ができなくて、なんで十分な仕事ができないのか、悔しくて一人で涙したこともありました（笑）。いま、仕事は慣れましたから、緊張感を持つように特に意識しています。マンネリ化するとスキができます。油断禁物ですからね。はじめのころは意識しなくても緊張して胃が痛かったです」。

フレンチで有名なセゾンのSくんは語る。「セゾンのお客さまは料理もさることながら、サービス自体を楽しみに来られます。「料理＋サービス」です。お客さま同士でも、お客さまとわたしたちでもね。（わたしたちは）「さすが帝国ホテル」と言われる責任がある」。

Yくん、「ベテランになるには一〇年はかかります。十分にお客さまを知っていて、なおかつ、お客さまが口に出す前にこちらからさっとサービスできる。注意力、愛想よく、判断の柔軟性が必要です」。

Kくんが語った。「お声が掛かるのは、実は「サービスの穴」ですよね。他のお客さまにとって愉快ではないでしょうし、わたしたちサービスする側は、常にお客さまのご様子をフォローしていなくてはね」。「サービスの穴」という言葉は半端ではない。実際、バーでも、レストランでも、お客さまが声を出して呼ぶのは無粋なものだ。筆者は、ホテルで歓談する場合、少々待っても声を掛けない主義を通している。歓談している仲間が気を利かせたつもりでホテル・パーソンを呼んだりすると「いけません」と説教することに決めている。

Mくんが指摘した。「《間》が大切なんですね。いま行くか、一呼吸置くか。タイミングや自然な流れが大切なので」。そしてベテランFくんは語る。「お客さまだからといって半端に構えるのではなくて、親近感を以て接遇することでしょうね」。ただし、ここに至るには厳しい体験と思索があった。たとえば、「朝食にいらっしゃる常連の高齢女性がおられました。メニューは決まっています。あるとき、テーブルの上の醤油瓶の位置がいつもと違うと指摘されました。なるほど、快適な食事をご提供するには、そのようなことも気配りを大切にしなくちゃいけないと痛感しました」。

なるほど、小さな事件だから見過ごせばそれだけの話である。マニュアル頼みではこうはいくまい。そして「自宅に帰ったお気持ちになっていただけるように」と結ばれた。全然肩に力が入っていない。サービスしまっせというような衒いがない。語り口も淡々、静謐、無駄がない。

サービスの精神とは

見られているという意識は大事だ。Kくんの心構えである。まさに役者である。「いかにスマートに動くか。私たちも恰好よくしたい。お客さまの視線を浴びているのだから、恰好よくさっそうと働きたいですね」。

嫌なタイプでも好きになろうというのはJさんだ。「お客さまで好きでないタイプは、おカネを払っているのだからという匂いがする場合ですが、まあ、お帰りになるまでに好きになればいいと思って接客しています（笑）」。

他者を理解すること。Aさんは、かつてイルカの調教師になりたかったらしい。その一端を語った。「電話のお客さまの声で、どなたかわかりますし、コックさんの目を見ればだいたい呑み込めます」。イルカよりはやさしいとしても、その理解力はすごい。

難しい笑顔が身に付いているMさんは、東京ディズニーランドの熱烈ファンだ。「笑顔が大事です。作り笑いしたことはありません。お客さまに「素敵な笑顔ね」と言われるととても嬉しいです。わたしの大好きという気持ちが伝わるのだと思います」。

そして、個人のパワーをさらに組織力にするにはどうするべきか。Gさんは、職場風土をもっと高めねばならないと感じている。「（各人の）技術の問題というよりも職場のチームワークをいかに構築していくか。お互いがお互いに敬う気持ちがあれば、さらにいい雰囲気になる。コミュニケーションをいかに高めるか」。

宴会サービスはまた一味違う。Wくん、「ステージの横にいて、目配り、気配りします。慌ててはいけません。落ち着いて、平然とご案内します（笑）。大きいパーティーはずっしり緊張を感じます」。

Tくん、「宴会は最初から最後までお客さまを接遇します。なにしろ緊張します。披露宴は二時間半ですが、挙式からすると五～六時間です。一連の流れのどこでドジしてもお客さまのホテルに対する印象が悪くなりますからね、ピリピリ、びくびく（笑）」。

めざすのは宴会のチーフだ。「五〇〇名くらいの大宴会を仕切るチーフは格好いいですよ。もちろん仕事は大変ですが、仕事冥利に尽きると思います。準備こそがこの仕事の胆です。テーブルをどれだけ入れるか、クロスはどうするか。お皿、シルバー類、人の配置

宴会場のスタンバイ風景

……。そうです、段取りが命なんです。現場監督の力量と、準備の事前発注で宴会の成功の八割は決まると思います」。

五〇〇人の宴会開始直前の会場を拝見した。一卓一〇人の円卓が並び、食事のためのシルバー類が整然と配置してある。その中央で、宴会チーフが四方を睥睨しておられた。いやあ、恰好よかった。厨房はけたたましく皆さんが働いておられ、配膳のチーフがサービスに当たる方々に最後の説明をしていた。ここまでの段取り、準備を少し考えただけでクラクラしたみたいであった。

そして、やはりサービスの精神は、「さりげないサービス。派手でもなく、痒いところに手が届く。お客さまがきょろきょろしておられるのを気づかないようではいけない。声を掛ける。そのためには、それなりの心構え、不断の準備が必要です」。一言でまとめれば、緊張感をさりげなく自然な笑顔で包み込んで、お客さまを満足の地平に到達させるということだろう。厳しい仕事だ。

人生をどう生きるか

サービス部門のみなさんが語られた言葉を並べておこう。

「人生をどう生きるか、これが問題です」。

「わたしは勉強したいです。お客さまや先輩は人生の師という気持ちで臨みます。これからの人生は、どんな時であっても勉強していたい」。

「いろんなことをやってみたいです。旅行業務取扱管理者の資格を取りました。この資格が活用できる仕事があれば、やってみたいですが」。

「仕事は好きです。ホテルが好きです。仕事が好きでないと仕事はできないのではないでしょうか。自分の時間は勉強します」。

「もっと英語力を身につけたいです。本が好きです。もっとサービスを学び続けたいです」。

「たまに先のことを考えます。これからの自分がどうなるんだろう。先輩から言われたことを振り返ります。入社してから出会った先輩の言葉をしみじみ……。仕事は人生の勉強の意義であり、人間を磨くことに通じると思います。人間性を高めたいです」。

「仕事を楽しめない時もあるとは思いますが、嫌なことでも、克服すれば達成感が湧くでしょう。わたしを見てくれている人は絶対いる」。

「超高齢社会をいかに暮らし、働くかというテーマに関心があります。目安となる道筋を求めて、自分のライフスタイル設計に役立てたいです」。

「自分の人生なんだから、納得できる人生を作りたい。人を育てるのが大切です。順繰りに人を育てる役割を担っていると思います」。

仕事、人生、そして社会を見詰めておられることがわかる。

6　裏方の美学

ホテルは舞台だ。舞台には大道具・小道具が必要だ。大道具・小道具を設え、それを整備・維持する人々がおり、舞台での芝居が円滑に進められるようにさまざまな保全体制を整える人々がいる。目立つべきではないが、然るべきとき、然るべき場所に抜けができてはいけない。こちらも地道に精魂込めて働いている。どなたも、ひたひためらめら燃えておられるのであった。

緊張感を目立たせないように――セキュリティ部門

一九九九年、セキュリティ部門は外部委託から自社に替わった。以来、セキュリティ部門を歩んできたベテランKくん。「この仕事は、まあ「沈着冷静」が一番大事じゃないでしょうか。そして健康維持も。誰かが不調をきたすと余裕がありませんからね。効率的かつ抜けがないように行動しなくてはいけませんね。企業で自前のセキュリティ部門をもっているところは多くはありません」。

帝国ホテルが、自前でセキュリティ部門を確立していることは、まさにお客さまの安全・快適について自分たちが正面から立ち向かうという決意表明である。彼はそれを誇らしく語った。さりとて、「警備員が目立ってもよろしくないし、いざというときにどこにいるのかわからないというのも困る」。

緊張でパリパリである。緊張が目立ってはよろしくない。だから制服を脱ぐと緊張から解放され、身体がほぐれる。趣味と体調維持を兼ねて、五、六年前から水泳、一〇年以上マラソンをやっている。フル・マラソンのタイムは三時間四〇分だ。「無事に勤めあげたいです」。思いがいっぱい詰まっていた。

こちら、勤続一五年のベテランSくんの話。「とくに火災を発生させないように、気配り・目配りします。消防関係だと防火・消火・延焼防止・水災の警戒・防御もセキュリティの仕事です」。

かつて帝国ホテルでも火災が発生した。だから絶対に発生させないという気概だ。防災センターが本館とタワー館に設置されている。だいたいの施設では一カ所だが、帝国ホテルは二カ所だ。だから彼もまた誇らしく語った。「安心・安全体制に力を入れているんです。わたしらの仕事は忙しくてはいけませんね（笑）。わたしたちがのんびりしているように見えたほうがいいですね」。

深刻な話を聞いた。ご両親の糖尿病が悪化した。母親が一〇年前に脳梗塞で倒れ、いま白内障で室内移動も手探り状態。父親は六年前から腎臓透析、前年ついに両足切断、半年前に亡くなられた。仕事帰りに一杯、というような精神的余裕がない。両親のためにキャンピングカーを購入して、乗りやすいように改造した。「負け惜しみみたいだけど、世界で一台しかない車です（笑）。介護休暇を取ろうかどうしようかとずいぶん考えたのですが、徹底して日程調整して、なんとか取らずに看病しました」。夫婦力を合わせてやってこられた。ご苦労を聞いて頭を下げるしかない。

「ホテルの警備は「なんでも屋」みたいなものです。咽喉に食べ物を詰まらせたお客さまを、二人がかりで詰まった食べ物を取り出すのに成功して、丸の内消防署から表彰されました。介護士の仕事もできるようになりたい。介護の仕事は本当に大事だと思います。どんなことでも人助けというのは大事だと思います」。

このような話を聞くと、働く人の日々の生活基盤が、いかに脆弱なものかという思いにとらわれる。介護問題は、発生するのは個別であるが、まさに社会的大問題として浮上している。おっとり、訥々語られた。なおさら胸を打たれた。

技術力を磨く――施設部門

施設の仕事は膨大である。夜勤明け、急ぎ片付けなければならない仕事が発生して、慌ただしく駆けつけてくださったベテランOくんは勤続二七年である。

建物・設備のメンテナンスの仕事は、大きく区分すれば改修、管理（定期的点検）、修理もの、運営・運転管理（空調、ポンプ）など。修理ものでは、バスのシャワーヘッド、バスの自動お湯張り不調、壁紙張り替え、電話がつながらない、テレビの地デジカードが接触不良、冷・暖房の具合がおかしい、テーブルや机・椅子の破損。室内でいえば什器などを除くと大概のものがメンテナンスの対象である。

「気がかりは、昔のほうが仕事に対する志が高かったのじゃないか。昔は、書類作成みたいなことはヘタだったかもしれないが、仕事に懸ける志が高かった。最近は、いささか現場の間違いが多くなった。もちろん、誰も手を抜いているのじゃないけれど、人手容量がパンパンです。

日々のルーチンワークを消化するだけで、十分な技術力の研鑽ができていない。核となる人がいて、日常業務をこなすような体制にしないと、技術力は次第に先細りします。実際、専門的な問題をきちんとやる時間もないのです。中堅どころが第一線の仕事にのみかかりっきりな状態では、職場で技術力を涵養する時間はありません。ＯＪＴだけで、人は育たない」。

彼の問題意識もまた、ホテル・パーソンとしての自負にある。「帝国ホテルの表のサービスを維持するのは、わたしたちの技術力だと思うんです。間に合わなかったら外注すればいいというような考え方があってはならないと思います」。施設部門の今後の展望が最も気がかりだと締めくくられた。筆者もかつて技術職の端くれである。自負が強いほど危機感もまた強くなるのである。傾聴すべし。

Ｍさんは、客室係から施設の仕事に転勤した。「全くの素人なので、はじめは「見よう見真似」でした。補修・修理は痕跡を残してはいけません。常に新品状態をめざす仕事です。いまは、わたしにとって「したい仕事」をしているという充実感があります。一日のお仕事が終わると、ホッとします。仕事の性質は、地道にコツコツです。縁の下の力持ちですね。他のホテルへ行くと、ランプシェードを見たり、額の位置を点検！　したりします（笑）」。

いま、ビル管理の資格試験に挑戦中だ。「なんでも地道にコツコツやる」のがモットーだと繰り返し言われた。

Tくんは、塗装・家具・店舗内装の仕事から帝国ホテルの施設に採用された。寡黙である。まさに徹底して舞台の道具方を務めているという雰囲気である。目下の仕事はデスクワーク（管理業務）が多い。仕事に関連した資格を次々に取得している。これが半端ではない。乙種第四類危険物、第二種電気工事士、一級ボイラー技士、建築物環境衛生管理技術者、環境社会検定（ＥＣＯ検定）などである。

自宅で勉強されるのか、勉強の秘訣を聞いたら、「いや、まあ電車の中なんかで。物理は好きでしたが、さらに勉強したいと思います。気づいたらこんなことをやっていたわけでして（笑）。かくありたいこと？　〔沈思しばし〕なんですかね、仕事を引退するときによかったと思えればいいです」。

技術者にはシャイな人が多い。風に立ち向かうというポーズではないが、自分のやるべきことを考えて、しこしこと追求する。自己組織性――自分自身の活動によって自分を成長変化させていく――という言葉に似つかわしい。状況や環境変化に対応するのではなく、自分が主体的に変わっていくタイプの見本みたいである。仕事が人を作るのか、人が仕事に似て来るのか。みなさん、目立たぬ仕事に入魂しておられる。

「いま、ここで」という態度――管理部門その1

いわゆる管理部門の仕事もまた、いずこの業態にあっても地味である。部外者から見れば、ホテルにおいては直接接客する部門が、やはり直ぐに思い浮かぶ。しかし、大ホテルの大組織であるから、企業経営において管理部門もまた大きな仕事をカバーしているのは当然である。

少し異なった視点から主として管理部門で働く方々を見つめてみた。

Wさんはいま会計の仕事だ。もともと弁護士か警察官になりたかった。人に関する仕事がしたかった。法学部で刑事訴訟法を懸命に勉強したが警察官試験に落選。競争率も数十倍と半端じゃなかった。たまたま京都の古い旅館に勤めたがもっと発展する会社に行けと親切な先輩に忠告されて帝国ホテルに入る。そして仕事は法人セールスだった。

「絶対したくない仕事でした。辛さ九〇%・嬉しさ一〇%と思っていましたが、受注するとその一〇%が強烈な嬉しさなんですね。もうとても嬉しくて（笑）！仕事のお陰で社内外がよく見えます。矛盾は変えなければ、老舗旅館と同じではいけないと思います。人手不足です。みんな具合が悪いと思っています。東京と大阪の労働条件の違いもあります。疑問を感じます。変えようとしなければ変わらない、ですよね」。

狭い日本とはいえ、狭い客室が外国人には魅力がないだろう。だから、「ブランド力を高めるにはどうするか！　愚痴るだけではダメですよね。関西のいいところは本音を語るってことですね。「まあまあ、なあなあ」で止めてはいけないと思います」。東京と大阪ではカルチャーが違う。関西の本音をもっと活用せねば、という問題意識である。

Hさんは、宴会サービスから法人営業の仕事に異動した。「どちらかといえば宴会サービスの仕事が好きです。直接お客さまの表情に接することができますからね。営業は売り込みが目的ですが、相手の関心や興味を引き出す必要がありますから、いろいろ研究することがあって面白いです。（直ぐ成約するほど甘くはないが）何かの役に立つ可能性がありますし、めげたりすることはありませんよ」。

同期が三〇人いたのに、残っているのは六人になった。きっぱり、「転職が本当にキャリア形成に役立つのか、わたしには腑に落ちないのです。仕事をわかろうとする努力や工夫をしなくて、いつわかるのか。「いま、ここで」の態度がないのであれば、キャリア形成どころじゃないと思うのですね」。

歴史あるホテルで働く自負心が強い。だから、「（『帝国ホテルの不思議』（文藝春秋、二〇一〇年）の中に）エレベーターの中に花がなんて表現がありましたが、ブランド維持作戦というのはそんな軽いものではないと思います。自負心を現実に反映させたい」。とにかく、熱いのである。

Ｍくんは、以前お菓子販売の店を経営していた。街のお菓子屋はなかなか生き残れない。東京で広島の人気銘菓「もみじ饅頭」を売ったり、店は「なつかし屋」だというコンセプトを考えた。しかし結局廃業した。辿りついて、帝国ホテルの販売バックヤードで働いている。ホテル・ショップの商品知識が満載のオツムから、とめどなく商品の魅力、開発の工夫などが流れ出る。元気溌剌、愉快である。

「モノは溢れていますよね。だからわたしたちもいろいろ新製品を開発しなくちゃあいけません。商売している当時、商店街をよく歩きました。気になったのはなにを訴えているのか、よくわからないお店が多いです。半年たつと街は変わるでしょう。それに、日本の街並みはヨーロッパみたいな風格がありませんね」。

まったくねえ、観光立国というには、実際、お粗末なところが目につき過ぎる。もっと話し合いたかったが時間は一時間だ。商品の箱詰め、包装、調理場から予約ケーキをお店へ運ぶ。これ、かなりの距離である。お客さまを待たせてはいけない。

「忙しいけれども、それは帝国ホテルの商品が高いレベルを維持しているからで、とても嬉しいです。「間に合わない、間に合わない」なんて口走りながら走っていますよ（笑）。お正月には福袋も作ります。お買い得です。福袋は「重たい・おいしい」ですね。評判がよろしいですよ」。

「なつかし屋」で果たせなかったかもしれないが、いまも彼は明確なコンセプトを打ち出そうという精神でめらめら燃えておられる。たまたま作業しておられる姿を見た。周辺に元気が立ち込めていた。そして、「生き方としては、社会の中で自分なりの貢献をしたい。いまも仕事を通して貢献していると思う。それをずっと実感できる生き方をしたい。帝国ホテルのブランド価値は、スタッフ・ゲストも含めた信頼感・安心感なんだと思います。ホテルとゲストの双方向の信頼感・安心感ですね。ホスピタリティの精神は無償の行為（の精神）ですね！」。

信念に基づいた真心で――管理部門その2

Aくんは外販管理課で在庫管理・発注担当の裏方だ。お歳暮は夏、冬にゼリーのような夏向け商品を考える。「わたしたちの仕事は季節が全くずれてしまいます。気分を切り替えなくちゃあいけません。頭がついていくのが大変です」。もっとも、ちっとも大変そうではなく、楽しそうではあったが。

「それぞれ専門家になりつつも、一人で囲い込んではダメだ。全体に波及させなければなりません。職場は楽しくありたいといつも思っています。理由があってするミスは仕方がない。結果だけではない。プロセスが大事です。後輩にもそういう気持ちで接しています」。

凝り性で、自宅のトイレ掃除に三時間も熱中して、細君に「いい加減にしてよっ」と怒られる。サッカー観戦が大好き、浦和レッズを応援。野球は広島カープだ。「弱いチームが好きなんだ。勝てばいいというようなファンじゃないんだ。そもそもプライベートが楽しくないとなんのために働いているんでしょうかね。人生を楽しくする

在庫管理は外販事業部の大切な仕事

ために仕事をしているんじゃないのか」。通勤の混雑が嫌で辞めようかと思ったことさえあるそうだ。

「わたしじゃなければできないよ、という自負心、プライドをなくしたらダメだ。管理課の喜びというのは、在庫が思い通りに片付いて、見込みがバチッと決まったときです。快感ですね。そうそう頻繁に快感体験はないですよ。そうだ、このためにやっているようなものだなあ（笑）」。

仕事は大好き、わたしは凝り性なんだという彼は、将来は「農業をやりたい」と思っている。どこまでも燃え続ける決意だ。

Yさんは、企画から広報までの仕事だ。守備は広範囲な遊撃手だ。顧客ニーズをしっかり把握しなければならない。英語の案件も全部回ってくる。「仕事はとても面白いです。上司が自分の意見を尊重してくださるので張り合いがあります」。

学生時代はテニス、合唱団。いまは社会人合唱団に参加している。趣味の読書は「想像力をかき立てるフィクションが好み」である。たとえば伊坂幸太郎『終末のフール』（集英社文庫、二〇〇九年）を評価しておられる。さらには宝塚ファン、ミュージカルに夢中である。「多情多恨なれ」と主張したのは武田泰淳である。それを編集者として実践したのが開高健で、いまは知っている人が少ないかもしれないが、サントリー『洋酒天国』（広報誌）で一世風靡した。これ、一九五六年第一号を発刊したが、呑み助だけではない、巷の大人気を博し、二〇万部に手が届いた《文化》の薫り高い雑誌だった。

「仕事は熱中します。でも寝食を忘れてはいません。いろんなものに興味を持ち続けたいです」。

まさしく、編集者スピリッツを実践しておられる。「最近結婚しました。料理は二人で作ります。おかあさんになりたい。職場は母親が多いですよ。働きつつ子育てします。家庭と仕事の両立をさせて、ダブルインカムってわけで。主婦だけにはなりたくない。仕事は持っておきたい。そこらじゅうの手を借りてでもやります。自分がよりやりたいことをやりたい」。

人事部採用担当、要員計画や予算など担当しているTくん。まだ人事の仕事について短いが、「人事の仕事はやりがいがあります。人事の仕事は、場合によっては収益と対立してもやらねばならないことがあると考えています」。そのためには、納得ずくの決定が不可欠だと指摘する。

このような決意を聞くと、この道を歩いてきた筆者としてはひさびさに爽快感に包まれる。なにしろ一九九〇年代半ばから、わが国の人事部は、「ひと（他人）ごと部」じゃないかとか、購買部の下請けでコストカットばかり考えているのじゃないかと言われてきた。最近のブラック企業、超時間労働、不払い労働などは、間違いなくその延長線上にある。

かつて、わが国の真っ当な人事部は、厳しい労使対立の中から、資本主義制度自体が極めて非人間的であることから、「人間の顔をした資本主義」をめざそうという見識を掲げた。それが「製品を作る前に人間を作る」という立派な言葉にも表現された。聞き手は「それと同じでしょうか」とお尋ねした。「そうです。人事部というのは、とりわけ《人》に注目する職場です。わが社の人々はあまり不満を言いません。愚痴になっているかもしれませんが……。しかし社内の気風が暗いとか被抑圧的ではないと見ていますから、次なる課題は、お互いに提案し合う気風をめざすことではないでしょうか」。

彼は学生時代、演劇の脚本を書き、舞台にも上がった。スペイン語劇だ。いまも演劇に興味をもっておられる。ホテルは舞台なのである。「いわゆる仕事人間ではなく、いい仕事をしたいです」。人事マンが燃えてくれるのはまことに嬉しい。

Rくんは経理マンである。「（経理といっても）数字ばかりつついているのではないのです（笑）。他部署にいろいろお願いすることが多いですし、コミュニケーション力も大事だと思います。（数字屋になるのではなく）経営に貢献する経理部門でなければならないと思います。残業はできるだけやらないようにしています。時間にメリハリある働き方が大事だと思います」。

もうすぐ結婚される。父親の生き方から学ぶものが多いともいわれる。「わたしにとっての仕事とは、自分のためでもあり、家族のためでもある。夢を適える手段である。しっかり働いて人生を作っていく。でも、仕事は単に収入の多寡ではありません。いま、仮に高収入の仕事があるとしても転職するつもりはありません」。経理マンもまた燃えている。

社員向け福利厚生を担当しているベテランKさんの話だ。「社員の余暇生活が充実したものになるようにお手伝いします」。入社以来四〇年の幾星霜、同期一二名は、皆さん、あちらこちらへ去られた。働き続けたい女性たちにとっての北極星である。本当に！ベッドメイキングもやった。すぐ慣れて上手にできた。宴会予約も、営業外回りもやった。いま、帝国ホテルの福利厚生が充実していることに誇りを感ずる。「手話サークルがあって学習会を開催しています。わたしも手話検定二級を取得しました」。手話検定二級の使用言語は二〇〇〇語だ。容易に取得できない。修業はだいたい三年くらいはかかるようだ。「観光ガイドになりたかったのです。三人とか、四人とか、小人数の外国人を案内して、じっくり丁寧に説明するような形ですね。そして、日本のよさを知っていただきたいです。東京五輪では、ぜひ手話ボランティアをやりたいです」。地域のお付き合いも盛んにやっている。ジョギングをやっている。図書館の本を読破してやりたい。自分が人生の楽しみ方を知っている。観光ガイドの希望から始まって、仕事も、手話も、ホスピタリティ精神が一本貫かれている。楽しみがホスピタリティなのだ。「真心、信念に基づいた真心」。これが彼女の生き方の精神である。

7　魅力的な客室生活を

ホテル・パーソンの心掛けとしては、「お客さまが自宅におられるような気持ちになられるように」という。しかし、これは正解ではないかも知れない。原稿を書くつもりで、折からあるホテルへ一週間の予定で宿泊した。都会なのに静謐、周辺は木立に囲まれて、折から満開の椿にメジロがわんさか集まって蜜を吸っている。ゆったりと、原稿に取り掛かる前に持参の本を読む。ふと気づけば午後の日差しが傾いている。気に入りのバーへ行く。気に入りのバーテンダーと会話が弾んで、静かに夜が更けて……という繰り返しで、ついに原稿とは無縁に予定期間を過ごしてしまった。

自分の書斎は、仕事をするのに極めて便利である。ホテルで仕事しようとすれば、よほど慎重に携行品を準備する。ホテルは自宅の日常的機能とは異なる。作家が自宅では仕事できないとして、ホテルに缶詰めというが、本当だろうか。余計に仕事が手に着かなくなるのではなかろうか。なにしろ、ホテルにいると内外にさまざま魅力的な場所がある。

気に入ったホテルでは「ああ、なんて普段の部屋と違うんだろう！」と感嘆するのであって、少しでも長くこの部屋に蟄居していたいと思うのが素晴らしい客室である。そこで、正しくは、お客さまが「ご自宅へ帰りたくないように」というべきではなかろうか。その客室生活を支えている方々の話だ。

ホスピタリティの極致

Hさんは客室一本、この道二〇年のベテランだ。

仕事は、客室清掃の点検、客室清掃担当のパートタイマーさんの教育・育成。宿泊勤務の際は電話受付、お届け物、苦情対応などいろいろ。「点検担当は四〇室、清掃作業はだいたい一室一〇分くらいで完了します。清掃は「前のお客さまの痕跡を残さない」ことが大事です。ですからお客さまの視線で部屋を点検します。たとえばベッドに寝転がったら天井が見えますね。室内点検は靴を脱いで足でも感じるようにします。ストッキングの痛みが早いです。四〇〇円程度ですが（笑）」。

いまの最大関心は、新人教育にある。「なんとか一人前に育てて、長く働いていただきたいですが、なかなかねえ。定着してもらえないのが悩みです。（なぜなら）家庭の掃除とは異なって確かに厳しい仕事です。教えた人が育つのが嬉しいです。チームワークと協調性が大事な仕事です。学生時代、バレーボールをやっていました。リベロが（向いていると思うのだが）なかったのが残念でした」。なるほど、客室係も、新人教育・育成もリベロと共通している。

「（ホスピタリティは）自己満足というよりも、自分が（そうすることを）納得している状態じゃないでしょうか。自己納得ってことで」。

Yくんは入社一六年。レストラン、ランドリー、ドアマンと回ったが体調を崩し、客室へ異動した。「この仕事はね、几帳面さが大事、細心でありたいです。担当は七〇室ほどですが、もし一室に一〇分をかけたら、七〇〇分……一〇時間以上必要じゃありませんか。だから運動神経も大事というわけです」。お客さまがこちらへ向かっている。時間が切迫する。「えーい、これで行けとばかり決断して処置しなければならないこともあるわけですよ（笑）。万歩計でみたら、いままで一日最大一二キロメートルでしたね。この会社はわたしの人生の舞台だと思います。試練もあった、挫折もあった。これからもそうだろう。だから、「他人の痛みがわかる」ことがホスピタリティ（の精神）だと思います」。他人の痛みがわかる、これ、ホスピタリティの極致じゃないか。なぜなら、大概の人間は「他人の不幸がわたしの幸福」という嫌らしい気風に支配されている。試練や挫折を経験した人の人間的成長が著しいのは、他人の痛みがわかるからではなかろうか。

一日六〇〇件の電話

入社三三年のベテランKくんの話。客室配属、腰痛発生してランドリーでメッセンジャー一七年、また客室に戻ってきた。客室担当は大変神経を遣う仕事である。

「お客さまの苦情はそんなに多いわけではありませんが、たとえば、寒い・暑いなど室温調節、バスタオルが足りない、バスタブに毛が一本残っていたというようなものもあります。「前の客の痕跡を残さず」という方針ではありますが、まあ、注意してもミスがあるかもしれません。とはいえ、髪の毛一本となれば、わたしたちの気持ちとしては、割り切れないこともあります。でも、そんなことは言えません。

で、ナイトマネージャーとしてお詫びに行きます。簡単にOKされることもありますが、ときには翌朝、上司がさらにお詫びに伺います。まあ、謝るのは嫌なものです。どうしても、自分がやっていないという気持ちがどこかでくすぶっているみたいでして（笑）。一日の仕事が終わったら……はあ、疲れまあーす（笑）」。

そして、彼の後輩に対する言葉は味わいがあった。

「言葉をしゃべってほしいですね。会話しなければコミュニケーションは成立しませんよね。自分の考えを口に出すのは、ちょっとした勇気が必要ですよね。ひょっとすると嫌われるかもしれないわけで、自己主張するには踏ん切りが必要です。それに自分の考えを他人にわかってもらうのはなかなか容易じゃない。だから、ぼくは言わないほう。他人の顔色を気にします（笑）」。文章ではわかりにくいが、これは反語的表現である。言うべきことをきちんと言おうぜ、と言っておられる。

「仕事は六〇歳で引退したい。それからゆっくり、ふらふら、時間にとらわれない生活をしたいです。夫婦の時間をゆっくり過ごしたい」。思いが、じわじわ伝わった。

こちらはコール・ナンバー3のTさんだ。ハウスキーパーである。一日の電話は記録が残してあるものだけで二〇〇件ある。「実際の電話は三倍にはなりますね。八時から一六時までの勤務時間の場合、仲間同士でおしゃべりする暇は全然といっていいほどございません（笑）。

フロント・清掃・予約、問い合わせなど大忙しなんです。エンドレスのお電話も困ります。なかなかお話がお仕舞になりません。そろそろ終わりかなと期待していますと、また最初に戻って（笑）。

自分の完璧さを追求するのは当然ですが、チームの仕事ですから、周囲の仲間の仕事もお互いに気を配らなくちゃあいけません。毎日、いかに業務をきっちりこなすかについて一所懸命です。残業もね、誰かに偏ってしまわないように、みんなで均等に分担するようにしたいです。残業は恒常化すると体力の消耗が大きいですし、それに仕事の集中力がどうしても弱くなります」。

非常に大事な指摘である。長時間労働が、見えないところで企業力を劣化させ、産業力を劣化させ、社会力を劣化させている。集中力に代表される「人間力」を劣化させてはならぬ。そして、Kくんも、Tさんも、チーム力をいかにして作り上げ、維持するかが最大の問題意識であった。

ホテル・パーソンとして働く意識

備品管理——茶器、シーツ、冷蔵庫の在庫、アメニティなどの管理に携わるYくんは、この仕事が四年になる。「直接的な接客はありませんが、お客さまの嗜好ですとか、世間の傾向を日々勉強しておかねばなりません。たとえば、家具とか電化製品とかのトレンドを調べるのも大事なんです。仕事は楽しいです。心構えとしては、マンツーマンの会話を大事にしたいです」。

職場は二〇人で回している。「お客さまからいまは離れていますが、サービスを押し付けないことが肝要だと思っています。人それぞれなんですからね。ですから、相手の考えていることを的確に把握するように常に努力しなくてはいけないと思っています。

わたしが、帝国ホテルで働いている仲間を見て感じているのはですね、他のホテルの方々は「会社で働いている」意識が強い。ホテル・パーソンじゃなくて会社員意識を感じます。わがホテル・パーソンたちは、間違いなく「ホテル・パーソン意識が強い」です」。

気持ちのよろしいお話で、某日宿泊した際、アメニティーを手に取ってしみじみ眺めてしまった。たとえば、カミソリの剃り味は過去最高でありました。

世界的に有名な帝国ホテルのランドリーで工場担当責任者をしておられる、入社二二年のＩくん。客室係のときに、腰痛発生してランドリーのデリバリーへ異動。そして新境地を開拓された。「忙しさの特徴は、洗濯物の量というよりも、時間の制約ですね。（こちらへ来て）皆さんの働きぶりを見ていると、非常に職人技術に魅力を感じまして、自分はこちらが向いているじゃないか！」。

お客さまのものに手を加えるのはランドリーだけです。特別のサービスです。毎日、五〇〇、六〇〇点程度ありますからね。数が多くても、勝負は一点、一点です。事前検品が極めて重要です。生地、形、ボタン、などをよく点検して、プレスの温度を慎重に選択します。

自分の研修時代が終わったと考えるので、これからは技術と精神を磨く時代に入ると思います。ランドリーの仕事のプロとして自分を育てあげる。わたしは、ひとつのことにのめり込む性質です。これを取ったら何も残らない（笑）」。

「シミ取りの名人」と、いまも有名を馳せる横田幸二さんに接して、憧れた。人間、なかなかやりたいことが見つからないものだが、それを見つけたという喜びを語られた。

もう一つ、子どもの野球チームの監督に押された。辞退したけれど、断りきれなかったと言われた。監督の持つべき品性は、あれこれ感得し寛徳（ひろくゆったり徳がある）することだ。転身でご苦労があったろうが、監督にふさわしい成長をされたのだと聞き手は自己納得したのであった。

8 「おいしい」を支える仕事

ホテルは「おいしい」のである。一軒のホテル内に、さまざまなレストランがあり、いろいろな雰囲気のバーがある。気張っていえば、快適な客室に泊まって、ホテル内を彷徨って、ご機嫌になってご帰館！　できれば、便利であるし、ホテルを満喫できるわけだ。毎日ではないのだ。ちょっと張り込んで、「あのホテルのあの料理を食べよう」という気持ちをもっていない人はいない。つまり、その場合の鍵は「おいしい」という言葉だ。「食事に招くことはその間ずっと幸福を引き受けることである」（ブリア・サヴァラン）。この名言を実践するのは容易ではない。

帝国ホテルのレストランは伝統的に有名である。おいしいと言っても、極論すれば百人百様の舌加減である。一流ホテルであっても、一流レストランの評価を確立し持続するのは、気が遠くなるほどに大きな事業である。北大路魯山人は、空腹になればなんでもおいしいと喝破したが、いまや飽食の時代、舌のやかましいお客さまが少なくない。帝国ホテルの「おいしい」を確立・維持している調理の皆さんは、何を考えて日々健闘しておられるか。たくさんの興味深い話を聞いた。

自分の作品を創造する

若者たちは気分がよろしい。まとめれば、仕事に対する誇り、「おいしい」を追い求める目的意識だ。

Aくんはオードブル三年目。「オードブルは「宴会料理の華」みたいなものですし、自分の作品をお客さまが見て楽しまれると思えば嬉しいです。(心構えは)素直に勉強して腕を磨くことかな。お客さまが目の前におられなくても、お客さまを意識しています」。

お勧めはと聞かれたら、「日比谷のホテル」と答える。親にもそのように答えるように頼んでいる。看板が重たいという。謙虚で生真面目だ。卒業後、某ホテルに入社したが、典型的なブラック企業だった。あまりに理不尽なので某日辞表退出した。上司に、辞表出すならもっと早く出せと文句を言われたが、まともに給料払わぬ会社にそんなことを言う資格はないと反駁して、直ちに去った。よくやった。気骨がある。

「仕事していると夢中になって周囲が見えなくなることがあります」。携帯電話に撮ってある作品を見せてもらった。自分の作品を創造するという心構えが素晴らしい。忙しいが、料理が好きでたまらない。

こちらは、プレパレーション、ソース・カレー・ブイヨンなど下地を一手に引き受けている部門で働く入社四年目のUくん。「下地は料理の基盤です。仕事は手順が勝負ですね。集中力が大切、三時間くらいぶっ通しで料理にかかります。おいしい料理を作る、これがわたしのモットーです。料理が仕事で楽しいし、自分で作るのも楽しい」。

彼が料理好きなのか、料理が彼を好きなのか。まさに天職（意識）みたいだ。

パティシエに憧れて、この道へ。いま三年目のSさん。「前菜やデザートを作っています。SP前菜（突出し）は自分で考えて作ります。〔この部分は、とても嬉しそうだった〕新しい材料を使うときは三日くらい前からいろいろと調べます。手抜きしてはいけない。〔この部分は、気合が入っていた〕仕事は面白みがあります。好きだと言い切るほど仕事を知っていない。自分の力をもっと高めなくてはいけない」。謙虚である。生真面目である。そして、知らずしらず成長している。

「あっ、わたしは最近反抗期かもしれない（笑）。以前だったら上の人に言われると、そのまま受け入れてやっていたのですが、最近は、すんなりと受け入れられない気持ちが湧いてきます。別に逆らいたいなんてことを考えているのではないのですが……。とにかく、もっと腕を高めなくちゃあ」。

二年目のMくんはデザート担当だ。「仕事は面白いです。一人前になるには二〇年はかかりそうです。あちこちのお店で食べてみます。街のビストロだとかね。盛り付けなど参考にしたいですから、食べる前に写真を撮ります。全部撮ります。突き当りは自分のお店がもてるようになったら最高なんですが。バリスタの勉強も、バーテンダーの勉強もしたいです。お仕事とは……生きるための手段でもあり、趣味でもあり、生きがいにしたい。そうだ、社会との接点ですね」。

社会との接点という重要な認識を語られた。そして、勉強と言う言葉を盛んに使われた。

仕事がわたしで、わたしが仕事

宴会調理のTさんは三年目だ。「仕事を任されますから楽しいですし、その分責任重大です。宴会は体力的に負担が大きいですね。体力勝負（笑）！　ワゴンでお客さまの前に出るときがあります。わくわくして楽しいです。たまにですが、楽しいです。やっぱり最終的には自分のお店をやってみたい。個別のお客さまに適合した料理を提供する。これ、わたしの考えるホスピタリティです。仕事は楽しいです。生きがいといったら言い過ぎかもしれませんが、仕事あってのわたしだと思っています」。

仕事がわたしで、わたしが仕事だ。その仕事によって人生を作る気持ちだ。

パティシエ、ケーキ店で三年働き、入社して四年のOさん。「お菓子づくりの仕事は面白いです。体力を使います。長時間、立ちっぱなしで働きます。集中力が切れたらちゃんとしたお菓子は作られません。「ジャパン・ケーキ・ショー東京」（毎年一〇月　コンクールは一一部門あり）に出展を四回し挑戦中です。「マジパンデコレーション部門」です。日本の内外からお菓子の専門家や製菓学校の学生が出品します。マジパン部門はスゴイ数の出展があります。なかなか入賞できませんが、だいぶ自分の技術も上がったし、周りもよく見えてきたので、もう一息と、自分を励ましているところですね（笑）」。

昨年結婚したばかりである。夫君が、よくサポートしてくれるらしい。「出産してからも働き続けたい。やりたいことをやり続けたい。いま、わたしはやりたいことをやっている。仕事とは一人の人間として成長する活動だと思います。がんばって家を建てたい。できれば家でお店を開きたいです」。

料理の仕込みに追われるアクア内の厨房

Tさんもパティシエで、「ジャパン・ケーキ・ショー東京二〇一三」で銅賞獲得。二〇一〇年から挑戦している。「コンクール向けの練習はだいたい四カ月続けます。早番のときは仕事が終わって遅番の終わるまで、遅番のときは早番時間から出てきてやります。仕事の時間を入れると一日一四時間くらいになりますね。コンクールが近づいてくるとラストスパートをかけます。なんども納得できるまで作り直します。とても面白いです！　いま熱中するのは創作に尽きます」。

彼女は街のケーキ店で二年働いて帝国ホテルへ入社した。その感想だ。

「スゴイですよ！　全部すごいですよ！　組合がある。社員食堂がある。礼儀がしっかりしている。最初は慣れなかったほどでした。帝国ホテルで働いてよかったですよ、結婚してもずっと働くつもりでいます」。

若者たちは腕のいい調理師をめざして善戦敢闘中である。目標に向かって邁進するとき、人は最大の元気状態にある。がんばれ！

超繁忙のレストランで「焼き」の担当をしているYくん。「火加減は、結局は経験を積んで勘で決めなければなりません。温度を触ってみるわけにもいきませんしね（笑）。夏は暑い、冬もまた暑いです（笑）。とにかく一所懸命やる。がむしゃらにやる。自分の頭の回転を精一杯発揮するようにしなければいけない。

チェーン店だとかは、調理が簡単で、調理じゃないなどと言われたりもしますが、そりゃあそれで大したものだと思うんです。味覚は百人百様で、極めて感覚的なものですが、万人受けする食べ物を作っていますよね。とすれば、高級料理よりも大衆料理のほうが難しいのではないでしょうか。わたしたちのお店でも一番人気はハンバーガーです。大衆的な料理ほど人気を維持するのは難しいと思います」。

彼は、将来はコックを育てる仕事をしたいという希望をもっている。人に教えるというのは、自分が教えたい何かを強烈に確保しているからである。何かを他人に話したくて堪らないときがあるが、それと同じだ。若者たちに共通するのは、早い人は子ども時代から調理の仕事に進もうとしていた。とにかく、料理が好きなのだ。そして、料理はどこまでいっても調理する人の作品であることを認識している。自分の作品を創造する。これに優る活力源はないかもしれない。さらに、若者たちのお話を聞きつつ感じたのは、「料理道」を追求する姿勢であり、それが自分の人生なのだという確信であった。気分がよろしい。

経営的視点で見つめる

Ｋくんはオープン・キッチン、お客さまの前で調理している。「初めてお客さまの前へ出たとき、少し緊張したかなあ。いや、自分が作る料理には自信をもっていますから、最初からほとんど緊張しなかったですね。でも、シェフに見られると緊張する。シェフは寡黙だけれども、実力がありますからね。「ちゃんとやっているか」と言われているみたいな雰囲気を感じるんです（笑）」。

「仕事はなにか」と問われたら、調理師と答える。いつもシェフを見て学ぶ姿勢だ。しかし後輩には、先輩の背中論ではなく、本人の意志を尊重しつつ支援すると語る。厳しく指導すればいいというのは賛成できない。育つためにはまず本人の「意思」が大事だという。冷静かつ合理的なのである。モットーは「やる気・興味・関心」だという。「これからの職業人生は……うん、シェフをめざすのじゃなくて、腕のいいシェフの右腕になりたい」。

これ、なかなか憎い、隅には置けないセリフだと思った。

魚料理担当の七年選手Kくんは、「料理は作るのも、食べるのも好きです。なんでも食べます。料理は奥が深い、終わりがない。いろんな先輩の料理をみて、ますます刺激を受けます。給料のために働いていないことは確かです」。彼もまた道を追いかける心意気だ。

ベーカリーの七年選手Tくんの話。「パン作りに憧れていました。肉体労働ですよ。立ちっぱなしで、焼き窯の前は熱い、パン生地を運ぶのは重たい。一日食パン五〇キログラム、フランスパン三〇キログラム、全部で六〇種類を作ります。一日の仕事が終わると、無事に終わったという充実感がありますし、ずっしりと疲労感があります。

バゲットを見るとパンの出来栄えがわかります。おいしさは形やボリュームに現れます。バゲットは小麦粉・パン酵母・塩・水・モルトのみで、砂糖・卵・乳製品・油などを使いませんからね」。

なるほど、カクテルでいえばマティーニというところである。

「最大の関心はおいしいパンを提供することです。おいしいのは冷めてからなんですが、味をしっかり味わっていただくためには熱くてはダメなのです。仕事はですね、まあ気張った言い方になるかもしれませんが、生きがい、そうありたいです」。生きがいとは、自分の生き方を愛することだ。仕事を愛し続けることができれば必然的に生きがいに到達する。

Sくんは、ペストリーの中堅どころ。小さいとき母の日にクッキーを作って、大変喜ばれた。「最近、パティシエの仕事は、物理学や化学の領域みたいに思います。学校時代に、もう少し物理学を勉強しておくべきであったなあ、と（笑）。日本料理との共通点も感じますね。たとえば京都の昔からある豆腐料理です。豆腐でお肉を作ったりしますよね。職場の雰囲気が、なんでも「やってみい」という感じなので、いろいろ作って、試食してもらって改良会議にかける。こういう仕事の進め方というのがとても好きです」。

ケーキの大会「ジャパン・ケーキ・ショー東京二〇一二」に飴細工（ピエス・アーティスティック部門）を出品して銅賞獲得。出品者三五〇人。「独創性、几帳面さも必要ですね。あ、粘り強いことが大事でしょう。手作業・立作業で長時間の集中力を必要とします。

同じものを作っても、全然同じってことはありえません。いつも最上のものを作ろうと気持ちを込めます。自分のお店を持ちたい。お菓子の先生もやってみたい」。彼もまた、他者に伝えたい something を掴んだらしい。

ペストリー、バイキングメニューのデザート二六品目担当のMくん、一二年目だ。中学時代から腕に技術を付けたかった。「帝国ホテルは、非常に材料にこだわります。作る立場からすればとても嬉しい。あちこち食べに行きますが、どんな素材を使っているか、直ぐにわかります。原価はこのくらいだろうな、とかね（笑）。

わたしたちは伝統を守ります。昔からお客さまに愛されている商品は、昔のままにずっと作り続けています。その一方で、新しいものに挑戦するわけです。たとえば、パンケーキに必要な材料なんですが、他所では使わなくなって、うちだけでしか使わなくなった。メーカーが困惑してしまい、もう勘弁してくれなんてことになりましてね。そうすると、わたしたちは、なんとか元々の材料と同じものはないかと必死で探すわけです（笑）。

いま関心を持っているのは……なんでしょうねえ。そう、いまは人です。後輩を面倒みるようになって、なにを求めているのか、何を下地に動いているのか、その欲求はなんなんだろうか。それまでは自分（の関心）だけだった。職場をまとめざるを得ない立場になった時、他者がなにを考えて行動するのか、本気で考えるようになったと思います」。

調理しつつ、経営的視点で見つめる。誰かの作品を推理する。材料にこだわるという視点は大事だ。そして、彼は、仕事はチームであり、単なる個人技の蓄積ではないことを知っている。ホテルの調理師である。

接客仕事の醍醐味

鉄板焼きのMくん。「ここは四年になります。十分に練習もしたし、料理にも自信がありますから、最初から緊張するとか、戸惑うようなことはありませんでした。まずは、ご利用目的を考えます。これがわたしの日々の仕事の端緒ですね。

顧客のご指名もありますよ。じゃんじゃんご指名を取ろうという気持ちには、ちょっとなりません（笑）。というのは、ここは自分の店ではない。自分が気に入ったトークで、好きにやるというのはホテルの雰囲気を考えると、どうもしっくりこないみたいだし」（笑）。

これからは本格的にフランス料理をやりたいと希望を語った。

仕事とは何か？「うむ、生きるために仕事しているのは事実ですね。しかし、生きるためということに全てを集約してしまうのはつまらない。なんで料理やっているのか!? たまたま料理だったとしても、仕事に対して受け身になるようではダメだ。そんな考え方に負けたくない。そう、これは自分の仕事なんだ」。

スノーボードに年間六〇日くらい投入する。キャリア一八年、もう一〇年若ければプロになるのも悪くないが、と笑っておられる。タフである。

入社八年、鉄板一年のYくん。お客さまの前で仕事するのは張り合いがある。「レアとミディアムの間を注文されて、どうも違うじゃないかとか（笑）。ここはお肉を焼くことに加えてお酒のサービスも仕事の範囲なので、焼きに夢中になって、気が利かないとお叱りうけたこともあります。直接、お客さまの意見が聞かれるのは楽しいです」。イラチの多い大阪のことでもある。

鉄板の二人は、料理の関心ももちろん強いが、さらにお客さま意識が強い。自分の作品がどう受け止められるか。味は人それぞれでもあるから、なかなかスリリングであろう。作品にお客さまが、なんらかの反応を示される。やはりこれが接客の仕事の醍醐味であるに違いない。

人を育てる怖さ

全館の魚メニューのすべてを手配する、シーフード・サプライもまた繁忙を極める。ベテランAくん、こちらの仕事は三年目だ。再雇用者の多い職場だ。いろいろなメニューに精通している。「魚は、〇度くらいに調整した冷蔵庫で保管します。築地へ入るまでにだいたい二日、早いものではそれから一日の間にこちらに届くのですが、なにしろ魚というのは生ものの中でも足が速いですからね。

気象条件も常に注意しておかなければ、手配に穴が開いてしまいます。台風みたいなときは、とりわけ神経を遣います。出入り業者の方も、もうしょっちゅう出入りしていて、お互いに情報交換します。単調な仕事が延々続くわけです。根気が必要です」。

ここしばらく大変だった。「妻が腰痛から坐骨神経痛になりまして……。帰宅したら腰をマッサージして、いまは回復期に入っていますが、まだ油断できないので、職場で包丁を握って、帰宅してまた料理を作るという生活です（笑）。家族を大切にして過ごしたいです。お客さまに間違ったものを食べさせない。安全な食品をご提供する」。

淡々とお話になるが、無駄がない、隙がない、仕事は単調だが根気がいる。単調に根気というのは、理屈でいうほど容易ではない。そして、家族という言葉にしみじみさせられた。

三三年選手のSくん。インタビュー当日はボジョレー・ヌーボーのイベントで繁忙を極めていた。親がレストランを経営していたので自分も調理をめざした。いろんな分野で修業してきた。静かな語り口に、なにやらめらめら燃えるものがある。「最初の修業は一年間皿洗いです。スープは難しいですね。料理は当然おいしくなくちゃあいけませんが、とりわけ衛生面に細心の注意が不可欠なんです。アレルギー問題は三年くらい前から大きな問題として取り組んでいます。何人もで確認します。得意料理はパイです。調理人というのは、なんといっても一番は料理好きです。食べるのが好きでないとおいしい料理を作る職人にはなれないでしょう。

責任感がずっしりと重たいです。わたしは後輩の指導もします。調理の仕事は楽しいけれども、責任感、そして人を育てる怖さを痛切に感じます。他所で食べると、うちと比較します。どうしようもない。楽しむ前に、何やら考えてしまったりしてねえ（笑）」。部外者から見ると、このような先輩の気風、仕事の矜持が若い人たちにも十分に伝わっていると思う。「人を育てる怖さ」は名言である。卓見である。

「この歳でハードロックに入れ込んでおりましてね（笑）。入社したころ外国人に教えられて、以来ずっと病みつき。いまはガルネリアス（GALNERYUS）をしょっちゅう聞いています。仕事オンリーで子育てもせず、妻に任せきりだったので、まだ先ではありますが、定年後はちょっと大きな車を買って、二人で日本一周をやろうなんて話しているんです」。

夜勤明け、もうすぐ五〇代のベテランHくんの話。昨夜はホテルに泊まった。「そこそこの歳ですし、カプセルホテルというか、狭い列車寝台というか。気持ちの上でも窮屈です（笑）。母親の料理の手伝いをしていて、わたしが作った料理を家族みんなが「おいしい」「おいしい」と言って食べてくれましたっけ。この記憶がいまも忘れられません。いろいろな部門で仕事しますと、経験を積めますし、それに変化があって面白いです。ホテル調理のいいところじゃないでしょうか。

仕事は面白いですよ。いまは若い人の指導もあります。何といってもまず衛生です。アレルギーのお客さまのリクエストもありますからね。くれぐれも真剣・慎重にやりませんとね。信用・信頼というものは、小さなミスから飛び去ってしまう。いつも自重・自戒しています。ええ、卵・ナッツ・小麦粉などのアレルギーは、昔はなかったですよ。それに、エキスの成分もね。油断できません。

若い人は実際頭がいいと思いますね。わたしの若いころを考えて、しばしば頭がいいと感心しています。大事なことは、本人と仕事の適合性というのか、仕事にも、実際の働き方にも向き・不向きというものがありますよね。調理は一人ひとりが作業しますが、わたしたちの職場は個人業ではありませんから、職場における働き方を効果的にしなくちゃあなりません。幸い、ホテルには調理といっても、いろんな仕事があり、いろんな職場がありますから、その（人と仕事の）効果的な配置を考えながらやりたいです。いまねえ、わたしたちのレストランは純洋風ではありますが、何か和風のものをアレンジしたメニューができないものか、と考えています」。

ブリア・サヴァランは言った。「おいしい料理の発明は新しい天体の発見以上である」と。二人のベテランの発言に、後輩たちに対する温かい気持ちを読み取った。若者たちは先輩の背中を見ている。その重たさをひしひし感じておられる。先輩を前、後輩を後ろとすれば、前が後ろを見るのはなかなか難しい。後は見ていないようでも必ず前を見る。今回のインタビューで、世代間隔絶というような意識状態を感じなかったのも一つの発見である。

お客さまに背中を押された

失礼な表現だが変わり種だ。入社六年目のYくん。大学で材料工学をやり、予定が狂ってあまり大きくない会社で経理の仕事に就いた。さて、このまま定年まで、これで行くのか、どうするのかと思案していて、ふと、頭のなかに料理が思い浮かんだ。両親が共働きなので小学校低学年から料理を作っていた。調理師学校へ入り、卒業間際帝国ホテルから求人があった。先生が「大学出ているんだからお前受けてみろ」。その学校では初めての求人だった。

「試みにという気分で受験しました。そしたら、面接のシェフに「理系大学出たお前がなんでや!?」と言われました（笑）。

上高地へ派遣されて、鉄板焼きをやらせてもらいました。初めてのことでもあるし、堅くなってしまって。メニューが三種類あるのですが、違うのを出してしまった。お客さまに怒られました。改めて焼き直しました。これがお気に入りで、にこやかになられまして。いろいろわたしの身上などお聞きになりますので、理系からこのように、というお話をして、どっちがよかったのか、まだわかりませんと言ったのじゃなかったかな。

お客さまは大病院の院長さんで、即座に「そりゃあ君、いまのほうがいいに決まってるよ」と言われ、食事が終わると、おまけに上司に「こいつは見どころがあるから大事に育ててやってくれ」とまで声をかけてくださって……」。訥々、淡々とお話になっていた。声が詰まった。嬉しかっただろうなあ。お客さまが彼の背中を押してくださった。人柄を気にいったのだろう。この一場面は、彼の生涯の記念碑になるのじゃなかろうか。

「ホテルに骨を埋めたい。コックとして、お客さまの要望に絶対NOを言わぬという気持ちで、もてなしたいです。このホテルは歴史があります。それを次代へつなぐために、わたしも尽力したい」。

「あなたにとって仕事とはなんですか?」を問うてみた。しばし考え込まれ、そしてきっぱり。「仕事は闘い、自分との、もっと上の仕事への。やり続けたい」。

調理師のみなさんは、自分の好きな道で、自分らしい作品を創ろうとしている。作品を創ることと、人生が一体化しているという考え方だから元気溌剌なのであろう。

9　仕事と人生に臨む哲学

みなさんのモノローグの多くは「仕事」に関するものであった。「どんな仕事をされていますか?」という導入であったから、それは仕方がないし、現役で働いておられるのであるから、最大の関心が仕事の周辺にあるのは当然である。同時に、みなさんの記録を注意深く読んでみれば、それぞれの仕事に対する構え方の背後に、意識しているか、していないかは別として、「人生に対する構え方」が潜んでいることに気付く。

張り切って就職したホテル（帝国ホテルではない）がブラック企業で、決然と辞表を出し即刻退職した若者は、「働かせていただくのではない。働くのだ」という立派なプロ精神（労使対等）を持っている。いい仕事をしなければ、人生が作られないと考えているからである。別の若い女性は、修学旅行でニューオータニの「ブルースカイラウンジ」で食事して、「東京で働こう」と思った。それは単に東京（場所）に憧れたのではなくて、中心地で修業して、やがて自分のお店を持ちたいからである。

仕事それ自体が人生の目的ではない。人生は、「自分がしたいことをする」というわけだ。難しいことである。普段はあまり考えていないのである。しかし日々「人生をいかに生きるか」という課題と対峙しているのは事実である。つまり、誰もが「哲学」しながら日々を過ごしている。たぶん、人生に正解はない。確かなことは一つだけだ。人生を作るのは「わたし」である。人生をいかに生きるか――がアルファでありオメガである。めげず、ひるまず、しこしこと考えて、歩いて行こう。

就職までの苦闘

いまは気分よく働いておられるが、就職の際、断崖絶壁に立ったような苦悩を味わったYさんの体験談だ。大変な社会人デビューであった。めざす大学に入られなくて浪人。短大へ。婦人警官になりたかったが、これが競争率六〇倍で落ちた。仕方がない。そこで方針転換。

「ちいさいころから英語も習っていて、好きなので短大は英語科でした。大学に編入して英語をやりたいと思ったのですが、大学には英語科がありません。コンピューター系で文化情報学科というのがありまして、その中にホテル・観光ゼミがあり、ホテルへ入ろうという方向にしました。いよいよ就職試験、二〇社受験しましたが全部落選です。

帝国ホテルの受験に来ましたら、三〇〇〇人の受験生がいました。誰かが「何人くらい採用されるのでしょうか?」と聞きました。「若干名です」。「若干名というのは何人なんでしょうか?」「二、三人です」。こりゃあダメだ、とてもじゃないが合格の見通しは暗い。というわけで、試験途中で退席した人も少なからずありました(笑)。切羽詰っていますからねえ、焦りました。その後も、あちらこちらのホテルを片っ端から問い合わせました。ちょうど当時は乗用車販売のアルバイトをしていまして、時間があって職場の方が寛容なので、もう一所懸命就職の問い合わせをしました（笑）。

ＩＨＥ（帝国ホテルの子会社）は最初電話では「採用予定はありません」と断られたのですが、連絡が入って受験させていただくことになりました。もう、最後の頼みの綱ですからねえ、必死というか、お祈りでもしたい気持ちですよ。四回面接があって、最後に二人残りました。もう、ここで落ちたらどうしようか、ボロボロの気持ちです。「採用する場合は連絡します」と言われて、二人のうちのどちらかだな、わたしはダメかなと思いながら帰りましたねえ。採用されました。ぼろぼろにならなくてよかった。組合もあった！」。

二〇カ所以上の海外に旅行した。次はトルコへ行きたいと思っている。悪戦苦闘のデビュー戦だったが、いま、彼女は快活に、フロントの忙しい仕事をこなしている。自分のためだけではない。「仕事を通じて、誰か人のためになりたいです。いま、親が……病気なので、その対応を優先しています」。

Sさんは、キャビン・アテンダントをめざして大学に入ったが、卒業時採用募集なし。

挫折。英語の仕事をというわけで通関士に挑戦したが果たせず。パートからＩＨＥ社員になった。「いったい仕事とはなにか」を自問自答した。

「就職浪人してみて、生活のために仕事をしなくてはならないと思いました。夢だけでは人生は生きられない。入社一七年、それなりに頑張ってきたと思います。しかし、このままでよいのか。

岡本委員長が「一〇年後の自分のためにいまなにをするべきか」を意識することが大切であるというお話をされ、すごく共感しました。

人はみんな、始めから「仕事は生活の糧である」と考えていたのでしょうか？　自分の好きなことを仕事に生かしたいと思っていたのではないのでしょうか。なにかの要因で、それが適わなかった場合に、諦めてしまうのではないかと思います。この諦めが、仕事は生活の糧であるという考え方になってしまうのではないでしょうか。

もし、諦めから発した「生活の糧」論であるならば、人は、人生に対して何かを考えることはできないと思います。心が元気でないから。

自分の人生について、もっとアクティブに考えることが大切なんだと気づくこと。そして具体的に考えてみる。自己啓発です。生活のために仕事をしなければならないのは止むを得ません。しかし、そのような働き方が本当によいのか？　自分はどうありたいのか。自分で成長し続けなくては「人生がもったいない」ということに気づくことが大切だと思います」。

働き口があった。だけど、ほっと一安心で停滞しないぞ。働くことで全てお仕舞いではないのだ。人生を作るためには、「生活の糧」論に停滞してはダメだという大事な指摘である。仕事はアルファからオメガまでを構成するための「なにか」なのだ。お二人とも、かつての苦闘が脳裏から消えることはないだろうが、逆に、いま、それが人生の元気を培養しているように見えた。

「野生の呼び声」

Hくんはサービス部門で働く。添乗員に憧れていたが、先生から「ホテルは動かないけれども旅行である」という名言を聞いて、志望を外資系ホテルにした。その思いを虎視眈、めらめら燃やし続けてきた。「帝国ホテルに採用されましたが、折りを見て外資系へと考え、三年くらいで辞めるつもりでしたよ（笑）。契約社員で入って三年弱が過ぎました。辞めたいと思っていたのですが、せっかく学校出してもらって、ただ辞めますではいかになんでも親に対して申し訳がない。辞めるとも言えず悶々としていました。

正社員登用試験が巡ってきました。どうせ登用されないだろう。そうか、試験に落ちて先の見通しがつかないから辞めたいといえば理屈はつくに違いない。当時の制度では二度落ちればお仕舞でした。これで親を説得すりゃあいい。ところが当選してしまった（笑）。覚悟を決めました。

いま？　正直いっていい条件があれば、もっといいところへ移りたいという気持ちは健在です（笑）。頭の片隅で、このまま沈没しないぞ、みたいな動きがあります（笑）」。

これは、いわば「野生の呼び声」なんである。実際、ブラック企業なんてものが大きな面をして蔓延るのは、お勤め人諸氏が「いつでも辞めてやる」という迫力を喪失したからなのである。もちろん帝国ホテルは優良企業であるから、彼はそんな不満を言ったのではない。かかる発言ができるのは自分の仕事に「自信」をもっていることの証明でもあって、つまり、会社にとっても、このような野生を維持してもらうことがありがたいのである。

そして、いや、にもかかわらず、「うーん……。先のことは、まあ老後までどうするかなんてことは目下考えていません。ただなんとなく、（漠然とした）不安があるのは間違いない」。

その一つはおカネであろうか。そして、多くの勤め人が自分と同じような不安を抱えているのじゃないか。漠然とした不安と対峙していくためには、気張っていえば、やはり哲学しなくちゃいかん。考え続けねばならない。

Kくんは、ツアー・コンダクターになって世界中旅するつもりであったが、資格取得に失敗した。前述の男性と共通した思いである。「ならば自分で旅行すればいいのだ（笑）」。ニュージーランドやオーストラリアで働きながら旅行を満喫した。ヘリコプター・ライセンスも取得した。

「二〇歳のときは海外に出ていました。受験の厳しさを知らないし、普通の人が通る道を知らないでここまで来ちゃった。ツアコンの話など聞くと、結構なことばかりじゃなかったですね。でも、結局、海外を旅したいというところから、人生を進めてきたみたいです。

なにかやろうとすれば、耐える期間が必要です。いま、これをやりたいという思いがあるわけではないですが……。しかし、このまま終わるのか、それでは面白くない。もう一つ、二つ、なにか、展開を作りたいです」。彼もまた「野生の呼び声」の持ち主である。元気に乾杯だ。

Yさんが三〇年間を振り返った。「商工中金へ入社したのは一九八四年でした。仕事は活気がありますし、面白いですし、初任給は非常によろしい。ただ、通勤二時間かかるわけでして……。へたばりそうなので一年ほどで退社しました。次は特種製紙代理店営業所に勤めました。結婚して退社しました。育児の手が離れて、今度は近畿大阪銀行、それから天満橋キャッスルホテルでアルバイト。経営者の大阪市が撤退を決めましたので、退社しました。自宅近所でパートタイマーとして一年程度、人事労務の仕事をしました。そして帝国ホテルへ入りました」。さまざまな仕事を体験した。

「わたしは、いろいろあってもスカッと忘れる（笑）。切り替えが早い（と自負している）。これからはねえ……ゆらゆらと、やっていきたいです」。

ゆらゆらといっても、漂うだけではない。自分の生活に足を着けて、次々にいろいろな仕事をこなし、次々に面白みを発見する力！　を持っている。「ゆらゆら」に確固とした意志を感ずる。

帝国ホテルで働いてよかった！

Hくんの仕事は、生鮮ものの納品を受けて現場へ引き渡す。帝国ホテルのロジスティックスは非常に力が入っているのが誇らしいし、嬉しい。新卒入社した企業で体を壊し退社して、帝国ホテルで出直した。青年期のつまずきは非常な苦悩であっただろう。野菜や果物の鮮やかな色合いがとても気に入っている、という表現に万感がこもっていた。

「ボランティアをやっています。子どもたちの和太鼓活動を支えています。毎週日曜日八時半から会館を借りて太鼓の練習をします。地域への感謝の気持ちを込めて、会館周辺の落ち葉を集めて、清掃の活動もします。四年になりました。で、年間二〇回程度、地域のイベントなどに、わたしたちの太鼓が出演します。太鼓の添えものとして、わたしは沖縄の三線《さんしん》を演奏します。ときどき、飲み屋で演奏したりね（笑）。

　退社するときに、やり残しがない、悔いのないようにしたい。ボランティアも続けます。死ぬときにいい人生だと言いたいです。仕事とはなにか！　まだ答えは自分の中では確立していません。自分のためだけでも家族のためだけでもない。自分が、自分の（能力）役割を全うして、社会的に生きるといいますか。

　帝国ホテルで働いてよかった！　人生変わった！　以前は辛かった。暗中模索でいたけれど、一八〇度転換できた。いま、生きて意義があるのは帝国ホテルのお陰だ。組合もよくやってくれた。本当に感謝しています」。

社会的に生きるという表現は素晴らしい。

再生の喜び

Aくんは二六歳のとき脳梗塞に襲われた。容易に耐えられない衝撃だったと思われる。「倒れて、回復して……自分は生かしていただいていると思いました。親や、友人や、周囲の人たちとの関係のありがたさを痛切に感じました。後進の育成にもお手伝いしたいし、友人が落ち込んでいたりすると、モチベーションを戻すように心を配ります。これが目下、わたしの喜びであり、楽しい生き方です。

誰も一人で生きているわけじゃないんだ。皆で愉快に、助け合って生きられるように、なにかあれば、その人のために動いてあげたいです。人と話していて思うのは、人はみんなそれぞれの思いを抱いて生きている。歳の差なんて関係ないわけで、お互いが理解しあって心の波長が合致したら素晴らしく愉快ですよね。そして、後悔したくないから、いつ死んでも悔いのないように、手抜きせず、全力で生きたいと思っています」。

淡々と語られるのであるが、「生かしていただいている」という言葉を実践し続けるのは半端な精神ではないであろう。頭が下がった。

Nさんの思い。突然何気なく、気負いもせず、軽口みたいに語られる言葉に、人生の深淵を覗かされるような心地になることがある。「わたし、たこ焼き屋を始めたいなあと思っています」。

大学卒業して一九九四年帝国ホテル入社。大阪開業（一九九六年）の要員である。ブライダル担当で、開業の年、ついでに自分の結婚式も執り行った。社員割引第一号だ。この辺りが幸せの天辺だったか。そして出産、夫が転勤するので退社。男児を二人出産。また、夫の転勤で大阪へ戻ってきた。その間はもっぱら主婦と母親稼業であった。いろいろあって離婚。

それから、「働かなくちゃいけませんから、相談したらこちらで再び採用してくださったのです。エリア社員ということで。採用直後の社内健診で胃癌がわかって、胃を全部切除しました。だいぶ癌が進行していて危機一髪の手術でした。

母親が四二歳で、癌で亡くなっていることもあり、これからどんな具合になるのだろう、手術後五年くらいは、生きていけるかどうか心配で、心配で……ようやく少し前くらいから、二〇年先が考えられるようになりました。

思うに、のほほんと社会人になりました。結婚も、離婚も、そして命の危機も体験して。

なによりも、(茫然自失状態を脱して) いまから先のことが考えられるようになったのが嬉しい。たまたま健診で癌を発見できたわけで。会社は、わたしの命の恩人なんです。まだ完全に体に自信があるわけではありませんが、丁寧に大事に生活して、七五歳まで生きるとしたら、どうするか！　考えています」。

たこ焼き屋は、かつて大阪市内に五〇〇〇軒あるといわれた。大阪では大概の家庭にたこ焼きの道具があるともいう。日々の生活密着の代名詞みたいなものだ。彼女のたこ焼き屋物語は、「再生」の喜びを表現しておられる。

Tくんは元気なベルマンである……はずであった。「お客さまに楽しいホテルライフを過ごしていただくために、ホスト側のわたしたちが陰気臭いのではいけない。愉快に働こう」。難しい表情のお客さまをどうやって和ませるか、というような話をしていたのだが、突然、「実は、わたし、二年前に一度辞めようとしたんです。簡単に言えば自分の居場所・役割というものが見えなくなりました。背後には、親しい人がうつ病を患って、それをなんとか解決したいと焦ったけれども全然うまく行かない。……悩めば悩むほど、スパイラル的に落ち込んでいきます。いま考えると本当にピンチでした。上司が「最近変だぞ、どうした？」と気遣ってくださいました。

相談すればいいのですが、妙なもので、当時のわたしは一種の見栄というか、自分の問題なんだから、自分が解決するんだというような気持ちが支配していまして、出口なしの状態でした。そのうち、家族の顔も見たくなくなってきましてね。で、辞めるという意思表示までして、他の会社に履歴書を苦心して書いて送りました。「今回は御縁がないことに」という文書と一緒に、履歴書がやや乱暴に畳んで送り返されてきたのを見た瞬間に、なにか吹っ切れて！「辞めるのを止めた」とみんなに電話をかけまくったりしましてねえ（笑）」。

吹っ切れたのはなにか。たぶん、自分が、自分だけで、なにからなにまで解決してやろうという気張り・意気込みが空転していることに気付かれたのだろう。自分の無力を認めるのはなかなか苦しい。しかし、一度その厄介な壁を踏み越えた彼は肩の力が抜けたのではなかろうか。

「人生はまだまだ先が長いですが、楽しかったな、という人生を作るようにしたい。人生を遊びたい。楽しくやりたい」。

筆者も口をはさんだ。「歴史学者J・ホイジンガは、ホモ・ルーデンス（homo ludens）、遊びこそが人間活動の本質だという主張を展開しました。わたしのボスは日本初の人工衛星を作られました。趣味がプラモデルでした。「人工衛星もプラモデルも同じや」と言われましたね」。

「あ、その気持ちでいきたいです」。

「遊び」という言葉を侮ってはいけない。それは単なる気晴らしではない。困難をも遊んでやるという気概に到達すれば、怖いものはないのだ。

地道に仕事をこなす大切さ

帝国ホテル車両部として生まれたハイヤー事業は、いまは子会社である。

Kくんは配車係である。ハイヤー利用のお客さまの予約を聞いて乗務員指示書を作成し、担当乗務員に手渡し、帰着すると報告書に基づいて料金計算をする。お客さまは短期逗留が普通だから時間に追われる。「ルーチンワークですが、ハイヤー会社というよりも、帝国ホテルのホテル・パーソンとしての気持ちで仕事に携わっています。ハイヤーをいかに快適に使用していただくか。なにか改良することはないかという問題意識をもつようにしています」。

日常的に繰り返される生活と仕事の中で、なにか改良すべく、変化を求めるのは口で言うほど簡単ではない。平凡なことほど見逃しやすいからだ。

「学生時代のアルバイトで、ミャンマーからの技術研修生を国内企業へ配置する仕事をしました。ＪＩＣＡ（Japan International Corporation Agency　国際協力機構）の仕事です。サブの仕事でしたが、下準備が大変でした。協力してくれる業者を探し手配する。典型的な裏方仕事ですが、仕事というものの重みというか、地道に仕事をこなすことの大切さを学んだと思います」。

彼のホテル・パーソンとしての自負の背骨には、この貴重な認識がある。地道に仕事をこなすという言葉には重みがある。そして、すべての仕事は社会全体の一部であり、不要なものはない。一切の仕事に、本当は価値の序列を付けられないはずである。ホテル内駐車場管理もするので、話題になった新名所、虎ノ門ヒルズとか東京スカイツリーを訪れて駐車場や車の出入りの具合を見分する。散策が趣味だから職業病ではないと笑っておられた。

宿泊予約担当Ｋさんの発言。彼女は、電話で予約を受け付け、インターネットで来たものを紙情報にしてパソコンに打ち込む。忙しい。一日終わると脚が重たくなる。入社三年目。「仕事に限りませんが、ただ我慢するという考え方は好きではありません。何のために我慢するのかをきっちり理解しておかないと本当に我慢できないと思うからです。仕事に対してはネガティブではダメ、ポジティブでいきます。仕事は社会とつながることだと思います。もちろん楽しいだけなら仕事が無くても楽しいが、仕事には価値がある」。

ベルマン（女性）のNさんは語った。五年目だ。「わたしは重たい荷物を持てます（笑）。ロビーにずっといます。マニュアルはとくにありません。お客さまの気持ちを読み取るように努力しています。たとえば、フレンドリーな期待をしておられるかなとか、ビジネスライクにテキパキしたのをお求めだろうかとかね。グループで働くのだから、いつも元気で、気分を引き立てるようにします。わたしにとっての仕事というのは、仕事があって（当然）、仕事がなかったら、わたしじゃない。やりたいことを仕事にしている。面白いです。力仕事ではありますが、幸せです」。

仕事を通して社会とつながっていると確信できる。自分が、やりたい仕事をしていると確信できる。

先輩の言葉はお客さまの言葉

専門学校ではブライダル系をめざしていたYさん。帝国ホテルに受かるとは思わず、

「面接を受けましたとき、もう緊張してしまって堅くなって、なにを聞かれていかに答えたのか、全然記憶していないのですよ。……外へ出たらほっとしたのか泣いてしまった」（笑）。いまゲストサービスで、日々お客さまに接している。入社五年目。涙は乾いて、たぶん将来も懐かしく、いい思い出になると思う。いろいろ、あれこれ考える。「対顧客コミュニケーションをいかに効果的に作るか、ということは常々考えて応対しています。「おもてなし」と言う言葉があちこちで多用されて、わかっているようなつもりになっている気風がありますが、これはなかなか難しいです。五輪招致で喧伝されたような言葉だけではどんなものでしょうねえ」。

やはりブライダル系をめざしていて、帝国ホテルに入る気持ちが全然なかったMさん。いま、客室アテンダントで中堅である。いわゆるＶＩＰが多い客室担当で、きちんと和服を着こなしておられる。「客室アテンダントのお仕事なんて全然知りませんでしたよ（笑）」。

着物の着こなしに慣れるには三～四年かかるらしい。「この仕事に向く性質は、そうですねえ……、機転が利くことでしょうか。ホテルという世界は不思議な世界です。同じ会社なのに全然違う世界が随所に見られるではありませんか。お客さまに対しては、家族同

丁寧なお辞儀は客室アテンダントの基本

様にですよね。「エライ人」でも同じ人間なので、温かみを感じていただくようにしたいです。そうです、無償の行為がおもてなしです」。

Hさんはゲストリレーションズの中堅だ。ゲストリレーションズには、館内外の案内、チケット手配、レストラン予約、粉ミルクや赤ちゃんのオムツから、鹿脅しの添水、工事現場のパネルを買いたいというような相談も飛び込むそうだ。「なんで、そんなものを」などと考えてはいけない。機転を利かせ、腰が重くてはいけない。

「話が長いお客さまがおられます（笑）。お座りになって、延々、あれこれ、だいたいはご自分についてのお話なのですが……。ええ、ご年配の女性で、盛り上がられて一時間半にもなったりしまして。お仕事ですから、拝聴します。いわば、かゆいところに手が届く（精神）と言いますか。親切の押し売りになってはいけません。伸び伸び不自由なく滞在していただくことですね。求められたら迅速丁寧に、満足いただくように」。

お客さまを大事にする。これはどなた様もおっしゃる。聞いたところでは、お客さまより先輩が怖いというのであるが。そこでゲストサービスのKさん。彼女も、どうせ採用されないだろうと、帝国ホテルを記念受験！　されたとか。いまやベテランだ。「あ、それはね、先輩はお客さまだってことなんですよ。お客さまは何か不都合があっても、気付かれないこともありますし、まあいいやと許してくださっているのかもしれませんよね。それが普通になってしまったらホテルの質が落ちます。だから先輩は常に周辺に厳しい視線を送るのでして、だから、「先輩はお客さま」だというわけです」。

お客さまを大事にする精神にはゴールがない。定型がない。きりがない。先輩はお客さまよりも「お客さまであること」に通じている。帝国ホテル・パーソン的「お客さまであること」とは、お客さまの期待以上である。

ザ・キタノニューヨークへ三年間出向したWくんの話だ。「顧客が「第二の家」だと思ってくださるように。きめ細かいサービスというのは、「求められたときに必要な提案ができる」こと、「快適・安全・親切」のご提供、そしてなによりも楽しく仕事することです。これらは帝国ホテルで働いていると十分に納得できるでしょう」。帝国ホテル・パーソンのポケットには、お客さまのための技術がたくさん入っていて、出番を待っている。求められたらサッと提供する。求める言葉が口を突く直前に、さりげなく、提供するということだろう。

ところで、みなさんは自分の口からは一言も「おもてなし」を口にされなかった。地道な向上心が帝国ホテルのサービス精神の柱みたいである。そういえば、みなさんが地味なのである。「帝国ホテルでございます」というような表情がどなたにもなかった。

日々の人生を楽しむ

日本人的特殊性と言うべきか、「遊ぶ」ことの意義が軽く見られている。遊ぶことの面白さを語られた事例を並べてみよう。なぜ日本人は有給休暇を取得しないのだろうか。

インタビュー直後、ベルキャプテンになったYくんの話だ。「わたしの場合ちまちまと休むような必要性を感じないわけです。一カ月くらい連続で休暇を取って、外国へ見聞にいくような休み方はいいなあと思います」。

筆者はこう伝えた。「だいぶ前ですが旧知のバーテンダーがね、二週間休んで、カルフォルニアワインの体験調査に行きましたよ。ボーナスを溜めてね。まだカルフォルニアワインの評価が低かったけれど、彼はきっとうまいのがあると思ったんです。帰国時には気にいったのを買い込んできて、わたしもご相伴にあずかりました。まあ、本来ならホテルが軍資金出してあげるべきかもしれませんが、彼は自分が好きだから実行したわけ」。

「あ、そういうのいいですねえ。自分がしたいことをするために有給休暇を使うべきですね。それなら有給休暇を取りたくなりますよね。少し前、夏休みに広島へ出かけました。

シェラトンホテルに宿泊して、ホテルの売りであるスイートスリーパーベッドで休み、心地よい睡眠と寝具の大切さを体感しました。宮島は外国人が多くて驚き、複数の言語で表現された案内板の多さや、清潔に整備された公衆トイレを見て納得、外国人のお客さまの誘致について考えました。

旅行を終えると、仕事への意欲が湧きます。旅先で受けたスタッフのサービス、食べ物、見たもの……。新しい経験から得たことを接客に生かしたいとわくわくします。休暇の中でこその体験が自分を成長させている。（しかしながら）人生の長いところが見えていない」。

「人生の長いところが見えていない」という言葉が登場した。恐らく、これが有給休暇問題と深い関係をもつのではあるまいか。なぜなら、「なんのために休暇を取るのか」という疑問の彼方には、「いかに生きるのか」がちらちらするからだ。

一五〇室のホテルでフロントマンをしているIくんは、愉快で、伸び伸び働ける。仕事は気にいっている、面白いと語る。ものごとに動じないタフネスを感じさせる。「子どもが生まれる前は、夫婦して自転車で走り回っていました。ロードバイクです。もう少ししたら子どもと一緒にまた走りますよ（笑）。自転車は自分で組み立てました。新古品を買います。富士山に登って登山も趣味になりました。いまは子どもに熱中です。まだなにを言っているのかわかりませんが、しょっちゅうむにゃむにゃしゃべっています。人生！先のことはなにも思いません。たぶん今後も思うことはないでしょう。なにが起こるかわからない。とはいえ刹那的な生き方をするつもりはありません。とりあえず、子どもが大きくなったら、自転車ですね（笑）」。日々の人生を楽しむ。「日常生活の達人」に向かってロードバイクで走る。

フロントマンFくんの話である。「兄が二九歳、わたしが二七歳のとき五年ローンで、山奥に別荘を立てました。ログハウスです。これが、わたしのリフレッシュの柱です。新白河なんですが、時間を作ってはログハウス生活を楽しみます。友人にも来てもらって、山の中でバーベキューなどやっていると、意気軒昂になります。別荘生活をやっていても、どうして日本人は有給休暇を活用できないのか、不思議になります。欧米のお客さまが見れば、ずいぶん不思議な国民性ということになりますよね。

幼稚園からサッカーをやっていました。中学時代に、高校へのサッカー推薦もありましたが怪我をしたので、そちらは断念しました。バイク（二五〇cc）で走り回るのも好きですね。

テレビも見ます。朝まで生討論なんてのは、結構面白くて、ちょくちょく見ます（笑）。面白いけれども、どうも日本人は吠えあうような場面が多くて、本当に問題をきちんと考えるような討論になっていない。ディレクターがわざと衝突させるのじゃないかと思われるようなのが少なくないですね。解散・総選挙になりますが、一市民として、きちんと考えて行動したいです。

いまの仕事をしていて、学校の先生に興味が湧きました。子どもに教えるというのは素晴らしいことだと思います。子ども時代、叔父さんの別荘に行っていました。叔父はソムリエで、専門学校で教えたり、大学の講師として活動しています。子どもたちにサッカーを教えるのもいいなと思います。兄貴には子どもが三人います。五歳を筆頭に三歳、一歳といるのですが、全員男児なんです。子どもたちを見ていると実に面白い（笑）。仕事を続けて行って、将来、子どもたちになにか教えてあげることができたらいいなあと考えます」。

彼もまた、「日常生活の達人」をめざしている。

自由時間の活動に手応えを持つ

もう一人のフロントマンSくんは語った。「テレビゲームが趣味で、親がやらしてくれなかったので、いまはせっせとやっています。くたびれてもやる。くたびれているからこそやる（笑）。

熱帯魚を飼っています。水音がいい。一尾はアロワナ。これは大きくなると一メートルくらいになるらしい。もう一尾はプレコで六〇センチメートルくらいになります。エサはミミズで大丈夫」。アロワナは淡水大型古代魚、プレコはプレコストムスが正式名称らしい。ナマズの一種。相当大きいから水音が豪快なわけだ。水槽は一・五〜二メートルは必要。水温は二八度前後に維持しなければならない。

「四国八十八カ所のお遍路もやります。仲間三人でただいま休みを合わせて継続中です。それから学生時代からサッカーをやっています。いまも」。

テレビゲーム、でかい熱帯魚、お遍路……。門外漢には、「なんやねん、それ！」という次第だが、遊びとはそういうものなのである。

ドアマンKくんも負けてはいない。「仕事とは、人生を習得するためのなにか！　仕事がないと生活にならないのは当然ですが、それだけに停滞しない、なにかがあるはずだ。

休みには趣味を楽しみます。最近始めたサーフィンに夢中です。冬はスノーボードをやります。学生時代はスキーをやっていました。バイクは最近止めました。あまりあれもこれもでは、十分にシェアできませんからね（笑）。

有給休暇は、ドアマン同士で、取ろうじゃないかと話し合っています。国際的ホテルの従業員が、有給休暇を取らない（取れない）というのは、やはりおかしいじゃないですか。とくに、取らないことが美挙みたいな古い考え方は変えたいです」。「したいこと」があれば、誰でも彼のように考えるのが必然であります。

Oくんは、いま宴会予約担当だ。大学卒業後、ファストフード店で七年働き、オーストラリアで五年暮らし、結婚式場で働いてから帝国ホテルへ入社した。一年半前、無呼吸症候群発症してえらい目に遭った。

「体調も常に整えなくてはね。昔は野球をやっていました。いまは軽い運動で体力を整えます。ワンダーコアを買っちゃいました。腹筋を鍛える器具です。ヨガもやっています。身体が重たくなってきたような気がするので、身体を軽くして。それに、読書ももっとやらなくてはいかんと思っています。

仕事だけに限りませんが、歴史をきちんと学んで、大事な伝統で守っていくべきを知り、変えるべきは変え、変えるべきでないことは変えない。情報が氾濫していますが、意味も十分に考えず、早わかりで、ただわかったみたいな気分になっているのではないのか。よくよくモノゴトを考えたいです。モノゴトの本質を捉えられるように努力を続けたいです」。

視界三六〇度、人生はお仕事だけではないのである。趣味、自由時間の活動に手応えを持つみなさんが、ほぼ半数（五〇人近く）おられた。三〇人程度は、かなり打ち込んで楽しんでいる。なるほど仕事は、人生において大きな関心と時間をシェアする。とはいえ人が仕事に発揮している能力は、自分の能力の一部であろう。仕事にのみその能力を限定してしまうのはもったいない限りだ。

「自由」という言葉は素晴らしい。もちろん皮肉屋や虚無主義者は、「自由があるから苦悩する」というかも知れないが、わたしが「したいことをして生きる」ことが自由なのであって、ふて腐れている時間はもったいない。めげず、ひるまず、しこしこと、わたしの人生を作って行こうじゃないか。

そこで、自由とは、単に「束縛されない」ことではなくて、わたしの持てる天分（Genius）を発揮することだと考えよう。全方位に！

先輩の思い

お仕舞を今回最も先輩のKくんの話で括ろう。

「痛快な人生」を見ると、気持ちがスッとして、共感したり、嬉しくなったりする。もちろん本人は格別意識してヒロイズムに浸っているわけではなく、いわゆる「やむにやまれぬ」気持ちに忠実に生きておられるのであって、浮世的損得勘定からすれば、割を食っていることが少なくない。愚痴は内向する。不満を堂々と展開するのは憚れる、というような社会的気風にあっても、めげず、逞しく、勤め人を生きているお手本の一つだと思った。一九五三生まれ、六一歳の元気はつらつ！

「中途採用で一九七九年の入社です。（教師になりたかったが）狙った大学へ入れず浪人していて二〇歳になってしまった。新潟のいとこが東京へ出てきて、東芝系列のストア電器会社へ勤めるというんです。わたしも一緒にそこへ就職しました。一九七二年でした。社内技術コンテストなんかやっていて、翌年優勝しました。そこで四年働きました。一所懸命働いたけど、どうも会社の社員に対する扱いがよろしくない。納得できない。むらむらと以前の志が頭をもたげました（笑）。大学受験に再度挑戦しよう、教師になろう。わたしは高校で日本史を教えたいという希望を持っていたのです。それで電器屋を辞めました。

受験勉強の傍ら、帝国ホテルでアルバイトしました。リネンで一年ちょっと過ぎたとき、リネンの支配人が「社員になれ」と言います。たしか一九七九年でタワー館建設の最中だったと思います。まだ大学挑戦をしているので、社員になっても入学すれば退社すると言いますと、「それは、その時の話だ」と応じられました。大学のほうは結局断念することになりました」。

労働組合は澤田浩さんが委員長になった。一九七三年が石油ショックで、七四年春闘は全国賃上げ平均三二％という破天荒な数字であったが、実は石油価格高騰に伴って、日本だけではなく世界的に価格体系が再調整されたわけである。ただしこれはマクロ経済の話で、組合員は「イケイケ」の気風。経営側もこんな高いベアを続けられるかというわけで、日本全国の労使関係は緊張関係をはらんで進んでいたが、そろそろ経済低成長への移行期という雰囲気も漂ってきていた。

「列車食堂支部に人員削減合理化案が出されました。業界は第三次ホテルブームなどと言っているのに、国鉄は解体前夜にありましたし、列車食堂は苦戦していました。列車食堂支部の応援に派遣されました。労働条件が悪い。皆が怒るのは無理もない。わたしも納得できなかった。

一九八〇年、議長団の一人に推されました。交渉にも出ました。驚きましたね。執行部が経営側に対してがんがんぶつけている。「こんなこと言ってもいいの！」というのが、わたしの率直な感想でした（笑）。当時は残業が多過ぎました。会社はなんとかするみたいなことを言ったのに、約束を破った。頭にきて、わたしら客室担当のみで残業拒否しました。管理職だけで対応していましたが、管理職だけでやれるものじゃありませんよ。すったもんだして、結局、わたしたちは不満を持ちつつ現状を飲んだのですが、なによりも会社が約束を違えたというのが問題だったのです。

会社が、組合要求よりも高い回答をしてきたことがありました。ありがたいどころか、常識的には組合潰しですから、わたしらは断固反対しました。侃々諤々議論したんですが、「くれるものはもらっておけばいいじゃないか」みたいな意見をベテラン役員が言ったりして。最後には「スジを通せ」組は三人くらいだったかな。

エリア社員だって同じ仕事しているのに不合理ですからね。社員化について積極的に発言しました。愚痴言うだけじゃ力にならない。不満があれば皆に聞いてもらう。そして組合の正当な要求に高める。別に、組合があるからだけじゃない。組合があろうがなかろうが、働く人の正当な要求は堂々と開陳しなければ、会社の発展もありませんね。いまは高齢社会だから、そこから会社も逃げられない。若い方々には、組合としての高齢社会対策をね、大いに勉強して、確立してほしい。わたしも、できることは応援したいと思っています。

帝国ホテルで働いてよかった。いろんな経験をさせてもらった。リネンでの修業時代、ボタンの付け方が下手だといって、ベテランの女性に頭をコツンとやられたこともありましたよ（笑）。若い方にはね、自分の人生、自分の仕事、自分の会社なんだから、なにかのせいにしてソッポを向くのじゃなくて、自分の問題として対峙してもらいたいですね。それが積み重なって、世の中は進歩してきたんだから！」。

第二章　みんなで作ってきた七〇年の運動史

敗戦後、雨後の竹の子のように組合が作られた。

わが国のデモクラシーを担って起つように期待されたのである。組合の淵源がポツダム宣言にあるから、ポツダム組合ともいわれた。帝国ホテル労働組合もその一つである。

ところで鎌倉時代の始まりから明治維新までが六八三年、維新は民主主義革命ではない。士族が主導権を握っていた。日清戦争以来、昭和の一五年戦争まで一貫して個人の自由が束縛されたから、意識としての封建社会は七六〇年間続いたのである。対するデモクラシーの期間はわずか七〇年だ。

この七〇年、組合活動は、労使対等を求めて歩み続けてきた。一口に労使対等というけれども、今日のような労使対等は一朝一夕に築かれたのではない。先人たちの善戦敢闘の賜物である。帝国ホテル労働組合においても、一九九〇年の労使共同宣言までは、闘争、また闘争という事情であった。帝国ホテル労働組合の特徴は、「いま」「ここで」納得できるまで活動するという強靭な粘着力である。

わが国の組合は戦後の「メシ」の獲得運動から起こって、六〇年代後半から七〇年代後半に賃上げを中心とした運動モデルを構築したのであるが、いみじくも七四年の先進国の経済成長がピークになった辺りから、賃上げモデルが有効に機能しなくなった。帝国ホテル労働組合が、当時、新たな活路を「文化闘争」に求めようとしたのは見事な着眼であった。以来、いかにして組合員主体の活動を構築するか、これが組合活動の中心的課題として取り組まれてきた。それは組合員が職場から、仕事を通して、いかにして経営に参加するかという課題でもあった。

この一〇年来は、労働組合の社会的責任を踏まえ、組合員の力を結集する新しい挑戦のために、なにが必要かを求めて努力してきた。社会を作っているのは、わたしたち一人ひとりなのだから、みんなが納得ずくで生きられる社会をめざそうじゃないか。

このような考え方は、抽象的表現の段階では大方の理解と共感が得られるのであるけれども、具体的活動を作っていこうとすると一気呵成というわけにはいかない。なにしろ戦後労働組合運動は賃金引き上げの活動モデルに固まってしまっている。敗戦から遠のくにつれて厭戦気分も薄れたから、それを原点とする平和思想が緩んできたし、職場からデモクラシーを育て発展させようという気風もまたどこかへ隠れてしまったような具合である。帝国ホテル労働組合だけではなく、わが国労働組合運動が直面している大問題である。

組合活動を通して、みんなが社会の一員として活躍できるようにしたい。換言すれば、ポツダム組合が期待されたことの現代的意義を掴もうというわけである。

1　帝国ホテルと近代日本

林愛作の「わたしのホテル」

帝国ホテルの開業は一八九〇年（明治二三年）一一月三日である。

明治は「揺らぎ」の時代だった。静まり返り、どんより沈滞していた空気がピンと緊張し、各界さまざまの分野が動き始めた。できることからなんでもやろう、一丁やったるぞという気風が起こった。八三年完成した洋風二階建て鹿鳴館で政府要人・華族が外国使臣と盛大にパーティを開催していた。幕府時代以来の不平等条約を改正するために、外国人の心証をよくしたい。さきほどまでチョンマゲに帯刀していた諸氏が、山高帽にモーニング、これまた着なれぬドレスの婦人とダンスを踊るのだから、仮装していなくても仮装舞踏会である。

八七年、初代外務大臣・井上馨が渋沢栄一に、首都に諸外国に劣らぬ高級ホテルを建設したいともちかけた。外国要人が心地よくくつろげるホテルがない。渋沢が動く。渋沢は財界の雄、官員気質が嫌いだ。民間の地位を確立すること、人々の独立自尊を育てることが国家社会のためになると考えた。

帝国ホテルは国策によって誕生した。国におんぶ抱っこであれば今日を迎えることはなかったであろう。国を代表するホテルとして、民間人の知恵と力で成長するという気構えがあってこそだ。ホテルは人が安心・安全に過ごせる場所であり、世界各国の人々が集う。居心地のよいホテルで過ごす醍醐味を知る人が増えれば、平和な世界に貢献する。そして高級ホテルとは、ただ居心地がよいだけでなく、人生を讃美したくなるような場所である。いわば帝国ホテルは、平和の象徴、明治維新がめざした国作り最先端、めざすべきわが国のあらまほしき姿を期待されたといえる。

開業の前年八九年二月一一日、大日本帝国憲法が発布された。「けんぽーって何だ?」というのが庶民だ。憲法を読みもせずただありがたがった。ともかくおめでたいというお祭り気分で振る舞い酒に酔っ払った。いま読めばとてもありがたくない。「日本国憲法」(一九四六年一一月三日公布)のありがたさが身にしみる。

日本のフラッグ・ホテルを志す帝国ホテルの経営は順風満帆とは行かなかった。外国人集客のために、横浜港停泊中の船上でビラを配り、経費削減に励む。一進一退、一喜一憂。一八九四~九五年、日清戦争。局地戦ではあったが予想外の大勝利。

一九〇一年末、ドイツ人エミール・フライグを営業部長に招請する。彼は、設備改良、メニュー改良、フランスからワインを直輸入する、人事刷新・従業員教育に至るまで全面的な改革を指揮した。早くも〇三年には効果が表れ、営業が安定軌道に乗った。しかし、エミールは〇六年病没する。

一九〇四〜〇五年、日露戦争。これまた世界があっと驚く番狂わせの勝利。

一九〇九年、古美術商・山中商店ニューヨーク支店長の林愛作を三顧の礼を尽くして常務取締役兼支配人に招請した。林は実家の商売が没落、一家離散、一六歳で単身横浜に出て昼働き夜学び、一八歳でアメリカへ、二四歳で山中商店へ入る。優秀、頭脳明晰。美術品、骨董品の目利き、ロックフェラーなど大富豪が顧客で、顔が広い。ニューヨーク社交界で活躍する数少ない日本人の一人だ。

ときに林三六歳、スカウトに気乗り薄だった。渋沢六九歳、実業界の大立者として赫々たる存在である。とても断り切れない。林が「株式会社帝国ホテルでなく、林の帝国ホテル」としたいと言ったのは固辞したかったからでもあろうが、渋沢は、「ならばおおいに結構」だと応じた。

林のスカウトは大成功であった。林が、帝国ホテル経営の基盤を作った。建築、装飾、設備、メニュー、社交場中心の形から、郵便局設置、鉄道乗車券販売、複式簿記導入、自営ランドリー、パン自家製造、自動車部開設など。

いま、帝国ホテル・パーソンは「ホテル会社で働くのではなく、ホテル・パーソンたる自分が帝国ホテルで働く」気概だ。食材に、食材下処理に、スープは下地に、ソースに、おいしさに、安全・衛生に、快適性に、そして「わたし」に、学びに、サービスに、などおおいにこだわっているが、それは林愛作の「わたしのホテル」と同根である。林愛作はいまも生きている。

ライト館の建設

大正時代は一九一二年からである。

帝国ホテルは新館建設に踏み切った。設計をF・L・ライトに委嘱した。ライトはル・コルビュジエ、L・ミース・ファン・デル・ローエ、W・A・G・グロピウスと並んで近代建築の四巨匠といわれる。林のめざすホテル像とライトの建築論が合体して希望に満ちた建設が開始したのは一九一九年九月である。

ライトは完璧主義者である。建築資材の石材、煉瓦、調度品に使う木材、なにからなにまでこだわる。とりわけ大谷石にぞっこんほれ込んだ。煉瓦は焼き色が気に入るまでＯＫを出さない。単なる建築屋ではない。徹底的な「骨折り仕事」である。帝国ホテルのライト館建築が日本の建築技術に貢献した意義はとても大きい。

しかし、工期がどんどん遅延、予算も巨大に狂う。当初予算一五〇万円が九〇〇万円にも上った。二二年四月、本館が失火全焼して新館建設は緊急を要する。ついに林は辞任、ライトも完成を待たず帰国した。後を引き継いだのはライトの優秀な弟子・遠藤新であった。遠藤は二八歳でライトの建築設計事務所に入った。ライトに対する尊敬は神さまに接するがごとくだった。建築は全一（完全に統一すること）が、ライトを信奉する遠藤の建築哲学であり、彼もまた天才的な建築家に成長する。

ライト館の大きく翼を広げたような形は宇治の平等院鳳凰堂をモチーフとしている。一〇セクションがつなぎ合わせられた連結構造で、一部が倒壊しても建物全体に波及しない。地震の多い日本を熟慮した設計で世界初の全館スチーム暖房であった。紆余曲折、いらいらはらはらどきどき、摩擦・衝突を繰り返したライト館が竣工したのは二三年八月末。鉄筋コンクリート・煉瓦コンクリート、地上三階・地下一階、客室二七〇室、屋上庭園・プール、エレベータ、通風装置完備、オール電化の華麗ホテルだ。

郵便はがき

料金受取人払郵便

山科局承認

1242

差出有効期間
平成29年7月
20日まで

607-8790

（受　取　人）
京都市山科区
日ノ岡堤谷町1番地

ミネルヴァ書房
読者アンケート係　行

◆　以下のアンケートにお答え下さい。

お求めの
書店名＿＿＿＿＿＿＿＿＿市区町村＿＿＿＿＿＿＿＿＿＿＿＿＿＿＿＿書店

＊　この本をどのようにしてお知りになりましたか？　以下の中から選び、3つ
で○をお付け下さい。

A.広告（　　　　）を見て　B.店頭で見て　C.知人·友人の薦め
D.著者ファン　E.図書館で借りて　F.教科書として
G.ミネルヴァ書房図書目録　H.ミネルヴァ通信
I.書評（　　　　）をみて　J.講演会など　K.テレビ·ラジオ
L.出版ダイジェスト　M.これから出る本　N.他の本を読んで
O.DM　P.ホームページ（　　　　　　　　）をみて
Q.書店の案内で　R.その他（　　　　　　　　）

書 名 お買上の本のタイトルをご記入下さい。

◆上記の本に関するご感想、またはご意見・ご希望などをお書き下さい。
文章を採用させていただいた方には図書カードを贈呈いたします。

◆よく読む分野（ご専門）について、３つまで○をお付け下さい。

1. 哲学・思想　2. 世界史　3. 日本史　4. 政治・法律
5. 経済　6. 経営　7. 心理　8. 教育　9. 保育　10. 社会福祉
11. 社会　12. 自然科学　13. 文学・言語　14. 評論・評伝
15. 児童書　16. 資格・実用　17. その他（　　　　　　）

〒
ご住所

Tel　（　　）

ふりがな
お名前

年齢　歳
性別　男・女

ご職業・学校名
（所属・専門）

Eメール

落成披露宴の二三年九月一日一一時五八分、雨雲が厚く覆うなか激烈な地震が関東南部を襲った。関東大震災だ。震度六、マグニチュード七・九、立っていられない。死者九・一万人、行方不明四・三万人、負傷一〇・四万人、家屋倒壊・半壊一七・五万戸、焼失三八万戸。損害額六〇億円、国家予算の四倍。

後に社長になる総支配人・犬丸徹三は、羽織袴で招待客五〇〇人を迎えるために待機していた。犬丸は調理場に走り、変電室に走り、バケツリレーで防火活動に走り回った。みんなが必死に奮闘した。幸いお客さまの被害はなかった。宿泊料無料、避難者受け入れ、炊き出し。新聞社、各国駐日大使館、罹災した企業に部屋を提供し、なけなしの現金をはたいて食糧購入。さまざまな方法で人々の生活を支えた。

ライト館は端然として佇んでいた。ライトに「新帝国ホテルと建築家の使命」（初出『科学知識』四号、一九二二年）という論文がある。

新帝国ホテルは単に日本の建築として設計していない。芸術家が、日本に対する現代的な芸術として、世界的レベルで寄与するのだ。完一（有機的な、手段と目的の融合、各部の全体に対する有機的相関）を求める。我々は「個」であるが、個を超えねばならない。芸術に国境はない。そして時間・場所を超越するのである。

単にホテルの器を作るのではない、人間の技は芸術をめざすべきである。個が個としての自由を発揮すれば芸術に昇華するのであり、それこそが「社会的自我＝人間社会の連帯」だという哲学だ。ライトは形によって表現されたもの以外に、ホテル・パーソン、否、人間的精神のあり方を表現した。そして、これは大正デモクラシーの精神と見事に重なっている。

ライトの思想は、いまもホテル・パーソンたちの誇りである。

ライト館の一部は愛知県明治村に移転保存されている。往時の全体像が見られないのは残念だが、ここに『旧帝国ホテルの実證的研究』（東光堂書店、一九七二年）という本がある。明石信道（早稲田大学理工学部教授）が取り壊し前に、立派な芸術作品であるライト館の記録を残し、多くの人にぜひ見てもらいたいと発起された。その膨大な細部にまでわたった実測図面と写真によって、建築の専門家でなくてもライトの哲学と芸術に触れる心地がする。早稲田大学図書館特別資料室のご厚意によって本書を飾ることができた。

若者は戦地へ去った

昭和に入った。

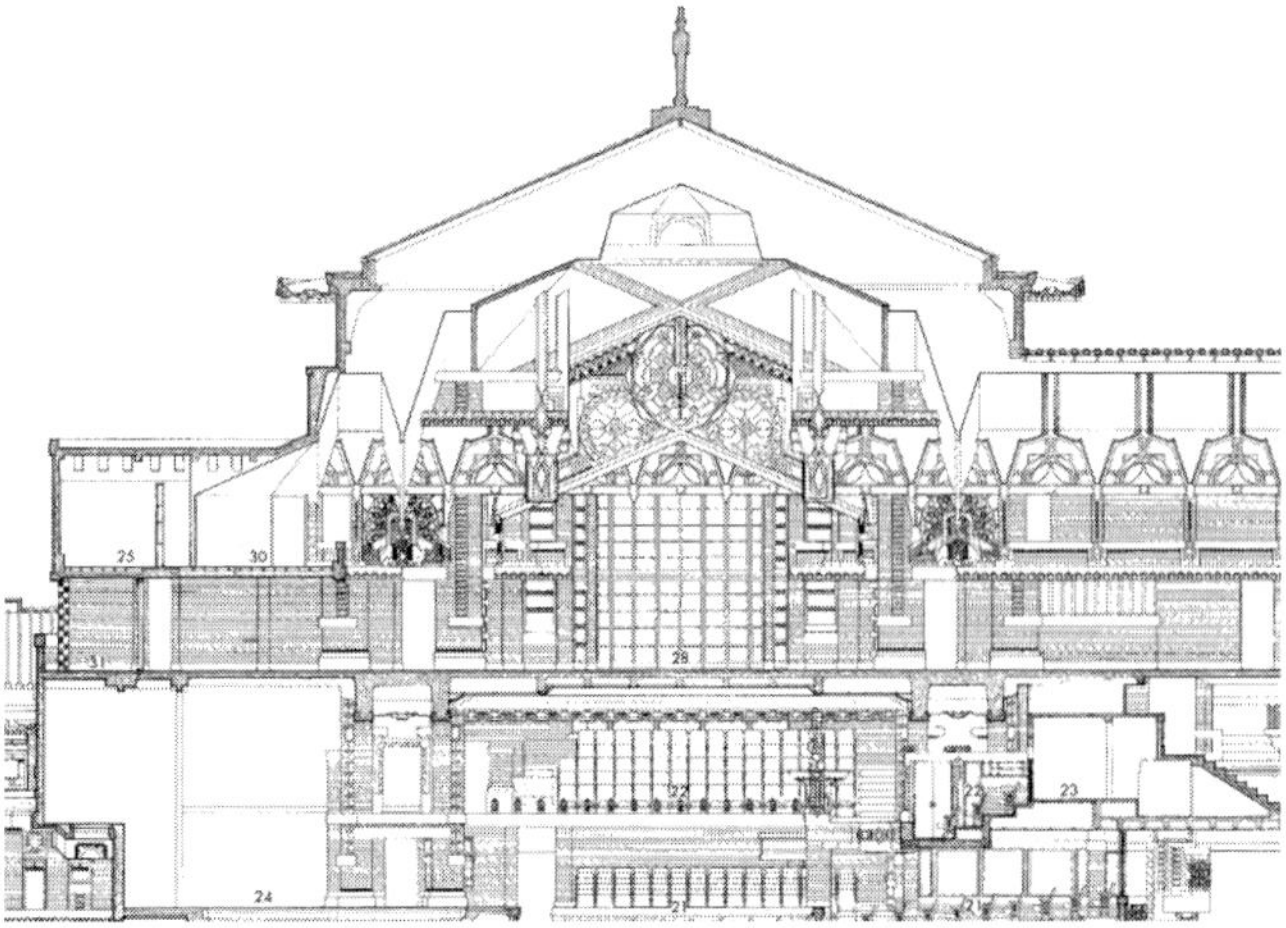

帝国ホテル旧本館の実測断面図（所蔵：早稲田大学図書館特別資料室）

一九三一年、日本軍がでっち上げた満州事変で中国侵略が本格化した。三七年七月七日、盧溝橋事件をきっかけに日中全面戦争が開始した。

簡単に蹴散らかせると甘い読みをしたのが運のつきで、十分な武器も、訓練も行き届かない中国人の粘りに粘る抵抗に直面し、ガンジガラメ、こう着状態、蟻地獄。宣戦布告の大義名分もない。一二月一三日、日本軍が南京を占拠したが、南京大虐殺という大不祥事発生。翌年一月一六日、「爾後、国民政府を対手とせず」との声明（近衛政府）が出される。戦争している相手と交渉しないのでは、いずれかが倒れるまで戦うしかない。戦争自体が目的化してしまった。

四一年一〇月一八日、東条英機内閣成立。四一年一二月八日、ハワイ真珠湾奇襲攻撃で対米英開戦。

奇襲による華々しい戦果に多くの国民は熱狂また熱狂。東大総長・南原繁は「人間の常識を超え学識を超えておこれり日本世界と戦ふ」と、悲痛な歌を詠んだが少数派。アメリカとの生産力格差ざっと八〇倍、石油備蓄八四〇万キロリットルで、二年半分あるかないか。開戦前からすでにジリ貧。東条首相は「ジリ貧を避ける」ために開戦すると言ったが、たちまちドカ貧だ。敗戦前年、戦艦大和は重油不足、上甲板では薪でメシを炊いていた。無謀な開戦を阻止するために立ち上がった政治指導者が一人もいなかった。無条件降伏を決定した際の首相・鈴木貫太郎は、「戦争というものはおかしなもので、誰も欲していなくても自然の成り行きで起こることが多い」と、戦後、外国人記者に語った。戦争は天変地異らしい！　大東亜共栄圏を標榜し、八紘一宇、一億玉砕を呼号した。古今東西、政治家は、国家・国民を守ると大言壮語するが、戦場にせよ、銃後にせよ、戦争させられるのは国民一人ひとりだ。

ホテル・パーソンたちは、兵隊になり、あるいはバンコク、ラングーン、シンガポールのホテルや軍関係施設で働いた。そして、何人もの方々が亡くなった。去るも地獄、残るも地獄の時代である。

帝国ホテルは一九四五年五月二五〜二六日の空襲に見舞われた。焼夷弾が雨あられ、果てるともなく落ちてくる。みんなが消火作業に走り回った。面積にして六〇％近くが焼失・損壊した。それを六月七日には、なんとか営業にこぎつけたというのだから、先人の馬力には低頭するしかない。若者は戦地へ去った。ホテルで働いていた人々は年配者と女性、しかも平時の半分ほどであった。

一五年戦争は、明治ナショナリズムの最悪の結果である。長い専制に馴れた日本人の権力に対する弱さが原因でもある。近代以降の日本人は、明治ナショナリズム、大正デモクラシー、そして昭和ナショナリズムの戦争を体験した。あの戦争はいまだきちんと総括されていない。

2　敗戦からの出発

空襲は終わったが

星降るような満天から、とめどなく爆弾が降ってきた。爆弾を投下するほうは空爆だが、やられるほうは空襲、空が襲う。天災みたいで、天が裂け、地が燃え上がる。逃げ場がない。下々においては「赤飯とらっきょうを食べれば爆弾に当たらない」という風聞が流布した。上は上で「神風の真理は到底米奴の理解しがたきことならん」と呪文のような煽動を繰り返す。神風とらっきょうの絶妙の組み合わせが敗戦直前の現実を描いて余すところがない。「屠れ米英、我らの敵だ」「進め一億火の玉だ」と鬨の声を上げた。なるほど空襲で火の玉になっちまった。

一九四五年八月一五日正午から四分少々のラジオ放送。音質も、音声も捗々しくなく、難解極まりない言葉が流れてきた。瞬く間に「終戦（敗戦）」が伝わった。

都心は焼け跡、膨大なガレキの荒野。東京はこんなに広かったか。日比谷公園の緑なす草は枯れ、残った樹木の痛みは激しく、落日が憩の空間を凄惨に照らし出す。日が没すれば、星屑が頭上に降りそうだ。街の灯りはポツリ、ポツリ。科学技術で自然を破壊して作った巨大な街が、科学技術で完膚無きまで破壊された。科学技術とは破壊力のことか。

電車の窓ガラスは盛大に割れ、座席の布が破られワラが飛び出し、吸血虫の虱の住まいと化した。座席から人へ、人から人へ虱潰し！　に広がる。超インフレ、開戦前に比べると物価は七倍、賃金は半分、コメの配給が届かない。代用品のジャガイモ・小麦・大豆・

サツマイモ・豆かすなどが回ってくればいいほうで、遅配に次ぐ遅配、果ては欠配。いつも空腹。なんでも食べた。イモの蔓・葉のお浸し、はこべ、ぺんぺん草、イナゴにバッタ。砂糖はない、調味料なんてあるわけない。

戦争からはるか遠のいた某日、先輩と和やかに歓談していた。つと先輩の顔に陰が射す。たちまち空腹の話が出る。苛烈な苦難体験、空腹が先輩の人生を作ってきた。「うまいの、まずいのなんて、あんた、そりゃぜいたくというもんですよ」。低頭して拝聴するしかない。「わびしいもんやで、あんた」。先輩が彼方へ行かれて久しいが、先輩世代の歴史的共通認識、悲痛な声が、いまだ耳元に残っている。

戦争が終わったのに、あちらからもこちらからも志願兵が馳せ参ずる。買い出し突撃隊だ。われ先にひたすら食料求めて突進。食料ならなんでもほしい。怖かったのは警官によるヤミ物資摘発だ。せっかく苦心惨憺して買い求めてきても、没収されてしまえばウンの尽きだ。

戦地で亡くなった兵隊さんの多くは戦病死であった。栄養失調、飢餓、風土病だ。食べられないから死んだ。戦後内地でも栄養失調、脚気、夜盲症……。餓死者一〇〇〇万人が予想される悲惨だった。空襲はなくなったが食べられない。おカネもないが、おカネの値打ちがない。身ぐるみ脱いで食べる、筍生活。

敗戦の五日後、新宿に闇市が立ち上がる。とにかくモノがあれば売れた。なにしろ鍋釜がない、バケツがない、傘がない、マッチがない、電球がない、下ばきがない……ないない尽くし。自由価格、闇値である。売り手市場であるが品物があるから大いに歓迎された。真っ先に仕掛けた新宿では「光は新宿から」とぶち上げた。人々の生活は「飢えるか、闇で買って破産するか」。大方は破産していた。

マッカーサーの昼食会

厚木飛行場へマニラから、マッカーサーが到着したのが八月三〇日。サングラス、丸腰、コーンパイプをくわえてタラップを降りる。大胆不敵、昨日までの敵はアッパレなポーズであった。敗戦が正式に決定したのは九月二日、東京湾上に停泊しているアメリカの戦艦ミズーリの甲板である。降伏文書調印式は九時二分に始まり、同二五分に終わった。日本側代表団は重光葵外相・梅津美治郎参謀総長と随員一〇名。連合国側はアメリカ・イギリス・フランス・オランダ・カナダ・ソビエト・オーストラリア・ニュージーランドの八カ国であった。重光外相は帝国ホテルに宿泊していて、ホテルから東京湾へ向かった。お世話した竹谷年子（客室係）に色紙を与えた。

永らへて　甲斐ある命　今日の日に　御国の楯と　我ならましを

占領時代が本格的に始まった。ＧＨＱ（連合国軍総司令部）、ＳＣＡＰ（最高司令官）がマッカーサーである。オールマイティ、だれも文句を付けられない。当初占領軍を解放軍と規定した政党（人々）もいたが、庶民は、わが家の山の神のことを「うちのマッカーサー」と呼んだりした。

九月八日、ＧＨＱがアメリカ大使館で東京進駐の記念式典を開催、その後マッカーサーが帝国ホテルでの昼食会に訪れた。少し時間があったので、犬丸徹三支配人を車に同乗させて、しばし都心を巡った。焼け跡見物というのがふさわしい。マッカーサーは、空爆の成果を喜んだか。やり過ぎたと思ったのではあるまいか。犬丸氏も突然の要求で驚いたが、堂々たる案内人であったらしい。痩せても枯れてもホテル・パーソンの精神である。

日本全国あちらのホテル、こちらの旅館が一〇〇以上、占領軍の将官・士官用宿舎として接収された。接収されたホテルは、もちろん日本人お断りだ。幹部将校は高級ホテルをあてがわれる。帝国ホテルには幹部中の幹部が投宿した。彼らは紳士である。お客さまである。ホテル・パーソンは「早く占領軍に出て行ってもらうようにサービスしましょうや」という気迫を秘めていた。四六年五月三日から極東国際軍事裁判開始。裁判長ウェッブ（オーストラリア）、判事パル（インド）、判事ローリング（オランダ）、首席検察官キーナン（アメリカ）らが宿泊した。接収下といえども、帝国ホテルの面目躍如である。

芳しくない評判で名を残したのが、帝国ホテルマネージャーとして着任したJ・M・モーリス中尉である。自尊心強く、カンシャクもち、神経質、すぐ怒る。四〇〇人のホテル従業員は、恐れおののきピリピリしていた。気に障ると「クビ」だとわめく。余裕がない。人はとかく身に余る権力をもつと暴君と化す。従業員は、戦時中、敵性語は罷りならぬわけで英語をやらず、十分な説明ができない。ビビッて気遣いする。彼我のカルチャーも違う。モーリスにすれば、点数を稼ぎたい、ミスは起こしたくない。日本人的ペコペコや、アルカイック微笑が気に入らない。苦労させられた。

敗戦の年末、GHQの財閥解体指令によって、大倉喜七郎社長が追放され辞任、犬丸徹三社長になる。

いち早く四六年一月から空爆で焼失破壊した部分の本格的復旧工事を開始した。復旧工事はよいとして、白ペンキをホテル自慢の大谷石にまで塗りたくった。家具類はアメリカ軍規格で馬鹿でかい。食料はアメリカ陸軍野戦口糧部から仕入れる。冷凍モノ・缶詰がほとんどだけれど、品数豊富、世間とは違う。いま、帝国ホテルは食材の調達に徹底してこだわっているが、当時の体験も影響しているのではあるまいか。そして、衛生管理、安全管理、サービスのあり方など学ぶことが少なくなかった。転んでもただでは起きない。占領時代、帝国ホテル・パーソンに培われた気風であった。

一〇月四日付、ＧＨＱが「政治的民事的及宗教的自由に対する制限の撤廃に関する覚書」を発した。共産党が合法化され、多くの政治犯が釈放される。これ、政府・政治家のみならず驚天動地。共産党は占領軍を解放軍と勘違いした。一〇月一一日、マッカーサーが「五大改革」を発した。戦後民主主義が滔々たる流れになる。①女性に参政権を与えること。②労働組合の結成を奨励すること。③学校を自由主義的教育にすること。④国民を弾圧する組織を撤廃すること。⑤独占的産業支配を是正すること。

北海道では朝鮮人や中国人が四万人以上、炭坑・土建・港湾などで強制使役されていた。敗戦直後、彼らが理不尽な扱いに対して抗議行動を起こした。積年の思いが爆発した。これが水先案内になって、炭鉱労働者の組織化が進み、敗戦年末、組織率七五％に届いた。

組合の「光は北海道から」であった。

産声を上げた帝国ホテル従業員組合

さて、帝国ホテルでは、四六年三月ごろから現場や主任級の有志が、内密に組合結成の相談を始めた。それを察知した企画課の河西静夫は、法律ができたのだ。こっそりやるのではなく、堂々とオープンに、重役を除いてすべての従業員が加入する組合を作ろうという行動に出た。

犬丸徹三社長に対して組合を作ると申し入れると、当初は渋い顔だ。「モーリスが直ぐクビだ、クビだと言うのに対抗するには組合しかないじゃないか」というのが決め球だ。みんなが嫌がるモーリスが組合創立の役に立った。モーリスは法律に弱い。河西は「法律に基づいて作るんだ」、GHQの方針が組合作りをおおいに推奨しているじゃないかというわけだ。説得成功、捨て台詞が揮っている。「これからは無闇にクビにしてもらっては困るよ」。

帝国ホテル従業員組合は一九四六年五月二一日、産声を上げた。

組合長・河西静夫以下、ホワイトカラー中心の執行部である。従業員四六四名（男子三

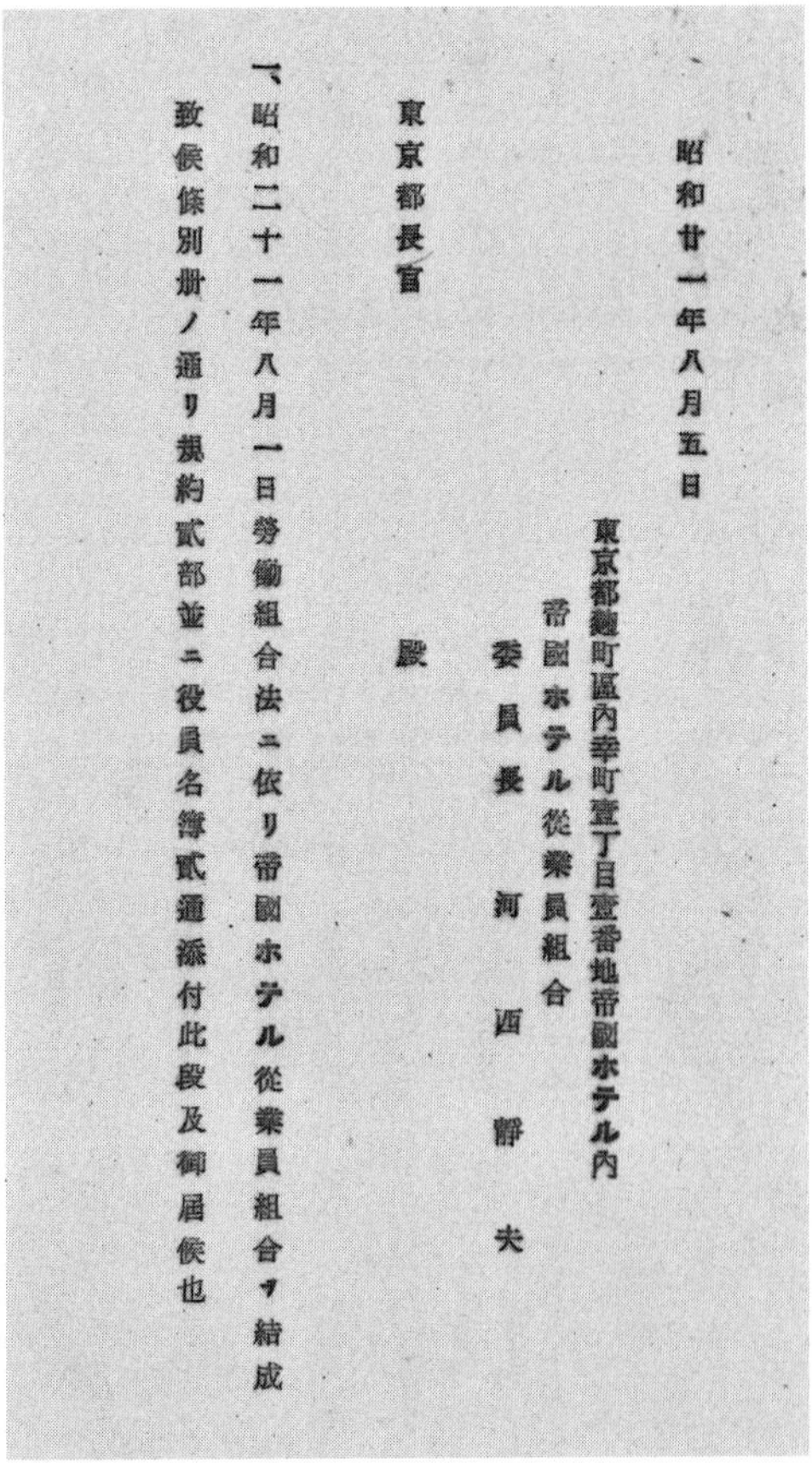

昭和廿一年八月五日

東京都麹町區内幸町壹丁目壹番地帝國ホテル内

帝國ホテル從業員組合

委員長　河西靜夫

東京都長官　殿

一、昭和二十一年八月一日勞働組合法ニ依リ帝國ホテル從業員組合ヲ結成致候條別册ノ通リ規約貳部並ニ役員名簿貳通添付此段及御届候也

東京都に提出した帝国ホテル労働組合の結成届

〇九名・女子一五五名）中、組合員は四六一名（男子三〇六名・女子一五五名）。非組合員は三名であった。
接収中である。クビの不安は全従業員の問題である。とはいえ、全員で組合を作るのでは単なる従業員組合、互助会になってしまう。一方、組合が政策的に力を蓄えようとするのであれば、組合員の範囲はできるだけ拡大するのが理に適う。要は、理念・目的・戦略・戦術をきっちりできるかどうか。
組合規約は、とても力が入っている。

（第1条）本組合は「ホテル」経営の国家的使命を認識し組合員各自の人格を陶冶し組合員の強固なる団結と相互扶助の精神により共同福利の増進と労働条件の正当化及び組合員の社会的地位の向上を図り以て「ホテル」経営を民主的に発展させることを目的とする。（第7条）組合役員は組合員全員の公僕であるといふ使命を意識して組合の目的を達成し向上させて行く為に身を挺して仕事を為す義務を有する。

注目点の一つは、人格の陶冶である。ホテル経営も、経営民主化も、社会的地位向上も、そのための基盤たる団結も、すべては「わたし」から始まる。「数は力なり」というが、わたしが「わたし」を磨かなくしては力が出ない。民主主義は、一人ひとりの「わたし」がアルファでありオメガである。

二つは、「公僕」、「身を挺して」である。みんながその気にならなければ本当の組合力が出ない。組合役員はスーパーマンではない。活動が減速・停滞したとき、この思い込みは空回りしやすい。大事は「組合員全員の」公僕という表現である。「組合員全員の」が看板倒れになると、組織（機関）優先主義となって、敗戦までの国家主義のミニチュア版になってしまう。

三つは、「ホテル」経営を民主的に発展させるという目標である。労働者は経営（者）に従属せざるをえない。労使対等を築いていくことは容易でない。労使対等とは、組合員各人がのびのび働いて、つまらぬ気遣いをせず、言いたいことが言える状態である。パワハラが取り沙汰されるようでは労使対等でない。労使「非」対等な関係に対してなにも感じない人であれば、デモクラットとは言えない。わが国のデモクラシーが未熟であるとするならば、労使対等が未熟なのである。労使対等を本気で考えないのであれば、わが国のデモクラシーは育たないし、成熟しない。

専門部は、**総務部・文化部・婦人部・福利厚生部・調査部・青年部・連絡部**の七つである。文化と婦人を押し出していることに、デモクラシーの気風の高揚をみる。組合加入費三円、組合費月額一円であった。

会社との間に最初の団体協約書が締結されたのは四六年八月一日である。帝国ホテル経営協議会規約も締結した。会社は、正式に組合を認めた。団体協約書第六条に、**ホテルは組合が勤労者の連帯性に立脚し経済的、文化的地位の向上を計る為他の労働組合及び民主主義団体と提携することを認める事**とあるのは重要な約束である。組合は企業内に縮こまる存在ではないのである。

二つの不安「クビとメシ」

組合結成はGHQ旋風が吹き、民主主義の大波が発生したなかからであった。とはいえ、最初に井戸を掘るのは容易ではない。なにしろ人は概して新しいことを敬遠しがちである。しかも、組合といえば「アカ」と言われて毛嫌いされ排斥されていた。先人の善戦健闘に感謝である。

組合結成の動機は、ほとんどの組合に共通する。二つの不安、「クビとメシ」である。帝国ホテルの場合、クビの不安は直接的にはモーリスという嫌な支配者が君臨し威嚇していた。辞めれば行先がない。仕事があれば最大の幸せである。メシの不安が決定的に深刻である。食料不足が酷い、闇市が盛大に流行る。闇市が流行る状態だからますます諸物価高騰する。物価は開戦前のざっと二〇倍。米一升が公定価格では五三銭、実際は七〇円、一三二倍だ。もちろん、買えるわけがない。

ホテルの賃金はチップ制の上に組み立てられていた。敗戦前、巡査・小学校教員の初任給が四五円、ボーイの給与が一〇円として、チップが二〇円、合計三〇円というような低賃金だ。「チップが主体では真っ当な職業生活ができない」。初代河西静夫組合長はこの思いを柱に賃金交渉に臨んだ。チップ制度が改められたのは四六年七月一日である。これは賃金制度の大改定である。

敗戦後は、精神的空白と飢餓からの再出発であった。「モノと心」の危機にあった。有形と無形の危機でいずれがより危険かは判然としないが、精神的危機もまたとてつもなく大きかったはずだ。まず、生きなければならない。「クビとメシ」の二大不安に追いかけられた。後知恵で言えば、二大不安と立ち向かおうとしたから、結果的に精神的空白（時間）を埋められた。目的に向かって突っ走っているときは、誰もが夢中である。自分だけが自分の目標を追いかけているのではない。みんなが、同じ目標に向かって走っていると共感すれば、一種の恍惚状態が発生している。戦争から一転、今度は平和な生活を獲得していくための闘いだ。先人たちはとても元気であった。ハングリー精神というのは、単なる空腹精神ではない。「わたし」が、目の前の不都合な状況に対峙して、積極果敢に闘って、わたし自身を育んでいくことだというメッセージを、組合の出発点から読み取りたい。

3　動き出した労働組合

昭和デモクラシーの出発

日本国憲法が発布されたのは一九四六年一一月三日、施行は一九四七年五月三日である。昭和デモクラシーの出発である。国民は、上から抑えつける国家主義体制にうんざり、長い戦争に疲労困憊していた。新憲法を歓迎しつつも、急激な変革に戸惑い、消化不良を起こしながら、借り着のデモクラシーを受け入れたというべきだろうか。いや、内外に大惨禍を作り出した結果、民主主義を手にしたのだから、借り着だの、棚から牡丹餅だのと口走るのはバチアタリじゃなかろうか。

四六年二月八日、幣原喜重郎内閣国務相・松本烝治が憲法草案をＧＨＱに提出したが、ほとんど代わり映えしない。ＧＨＱ民生局局長ホイットニーが、「保守的だ」とひと蹴り、ボツ。ＧＨＱは二月四日から一二日まで憲法草案起草に当たった。日本政府はやる気がないと見越した。九日間で日本国憲法を作成した。一八日、ＧＨＱ案が政府に提示されると驚天動地、大騒動。政治家たちは、基本的人権に基づく、主権在民、民主主義、平和主義などに関心がなかった。幣原首相が天皇に裁断をあおいだ。天皇は草案を全面的に支持した。これで国体問題が決着した。日本国憲法草案が発表された。**象徴天皇制・主権在民・基本的人権・戦争放棄・二院制議会**である。国民挙って新憲法を読んだというわけではない。「憲法よりメシ」なのである。共産党は、憲法よりメシだとして、憲法審議棚上げを唱えた。

「戦争放棄」（自衛権の否定）の審議で、六月二八日、共産党・野坂参三が、侵略に対する戦争は正義の戦争だから、侵略戦争の放棄とするべきではないかと質問した。首相・吉田茂は、戦争は自衛の名によって始められることが多い。自衛権による交戦権も侵略目的の交戦権も、いずれも戦争を誘うから、「国家正当防衛権（自衛権）による戦争を認めることは有害」であると明快に答弁した。解釈改憲が始まる前は真っ当だった。

ポツダム宣言、マッカーサー「五大改革」、そして日本国憲法制定への流れは、昭和デモクラシーの柱である。ただし、平和と民主主義の憲法が制定されてもすべて解決ではない。憲法が民主主義になっても人々が直ちにデモクラットに変わるわけではない。なにしろ封建思想は鎌倉開幕以来七六〇年続いた。封建思想・意識の慣性は半端でない。法によって守られると考えるのも思い違いである。制度や法というものは所詮書かれたものだ。人々が、制度や法に基づいて思索し行動して、初めて効能あらたかになる。民主主義国家とは、デモクラットたろうとする人々が作る国家である。

二・一ゼネストの大失敗

帝国ホテル従業員組合は歩き出した。専従書記を設置、組合機関紙創刊、組合討論会を開催した。テーマは、組合の本質・新給与についてであった。組合を張り切って作ったものの当事者としての組合員意識は決して高くない。必然的に幹部の力量次第なのであって、幹部中心の活動になりかねない。それも、たまたま幹部が有能で力があればの話である。大方の組合は理屈で会社を説得できない。悪戦苦闘の話が多かった。だから、まずみんなで勉強しようという姿勢はおおいに上等であった。

ＧＨＱが経済の民主化の一環として、株式公開、株式の大衆化指令を出した。犬丸徹三社長は株式の社外流出を恐れ、従業員への持ち株分与を持ち出す。わが社の株式を持つというのは、おりから企業防衛の心情も重なったのであろう、組合も同意して、労使共闘！

という次第になる。株式分譲の申し合わせ交換。株式取得として賞与金額の約二分の一を払い込む。株式の三二％弱が従業員の持ち株となった。賞与の半分、株主さまになったのはよろしいが、強制貯金みたいな感じもした。

組合結成当時をざっと眺めれば、国破れて山河あったが、闇物資なくして生きられず。人々の間に無言の共感があった。食わねばならない。**食わねばならぬ→生きたい→生きるぞ→なにくその精神。**貧乏は辛抱だった。なにくその精神が、次々に生まれたポツダム組合の創立期のエートスである。

一九四七年は波乱の幕開けであった。首相・吉田茂が、ラジオの年頭あいさつで、「経済再建・産業復興の大事なときに、経済危機を絶叫し、生産阻害し、経済再建のための挙国一致を破ろうとするのは「不逞の輩」である」とやった。みんながオツムにカチンときた。ところで占領軍は、占領行政の成果を挙げなければならない。政府を通じて間接統治しているから、政府が倒されるような事態を応援するわけがない。一方、国民は、民主主義を持ち込んでくれた占領軍に対して幻想を抱いたのも事実であった。

全日本産業別労働組合会議・日本労働組合総同盟・日本労働組合会議に単位産業別組合を加え三三組合・六〇〇余万名を擁する全国労働組合共同闘争委員会（共闘）が立ち上げ

られ、賃上げ労働条件向上に走り出した。一月八日、共産党は「ゼネストを敢行せんとする全官公労働大衆諸君の闘争こそは、恐るべき民族的危機をますます深めた吉田亡国内閣を倒し、民主人民政権を樹立する全人民闘争への口火である」とする声明を発した。GHQがスト中止指令を出さないと踏んでいた。一八日、一三組合・二六〇万人の共闘のゼネスト宣言拡大共闘会議が二・一ゼネスト宣言を発した。民主人民政権が目的ではなく賃上げが目的である。組合の賃上げ要求は現行賃金水準の三倍、仲裁案は二倍であった。二九日、共闘側は回答拒否、「吉田内閣総辞職」を要求した。共産党本部は「革命来る」と色めき立った。三一日、マッカーサーが「ゼネスト禁止」声明を発す。「現下のごとく窮乏にあえぎ衰弱した日本の実情において、かかる致命的な社会的武器に訴えることは許さない」。

二一時二一分、共闘議長・伊井弥四郎はラジオを通じて涙ながらに「一歩後退、二歩前進、労働者農民ばんざい」。ゼネスト中止を伝えた。占領下で革命の夢を見た。一歩後退どころか全面的な戦略の誤りである。占領下において、民主主義の第一歩を踏み出した意義をもっと真摯・真剣に見据えて活動を作っていれば、昭和デモクラシーは決定的に違った発展を遂げたのではなかったか。

全日本ホテル従業員組合連合会の結成

四七年三月一日、戦後の日本ホテル協会が発足した。八月一五日、貿易再開が認められた。組合顧問になった河西静夫は、二つの大事な指摘をした。一つは、常任委員活動の強化である。組合員の知恵と力の結集は容易な事業ではない。職場の核として常任委員に育ってもらいたい。二つは、全国的なホテル・ユニオンがほしい、という発言だ。当時、帝国ホテルと第一ホテル両組合の平均賃金が二一〇〇円、政府直傭進駐軍要員の組合では三七〇〇円、全日本産業別労働組合会議（産別）傘下では二八八〇円となっていた。雇用主（GHQ）の基準が相手によってばらばらである。企業内の個別事情は企業内でしか解決できない。企業を超えて、社会的公正という視点により問題解決を促進しようという考え方である。二つの提案は極めて戦略的に大切なものである。

一〇月二五日、帝国・第一従業員組合役員間で相互協力と産業別の組織を作ろうと意見一致、同業の組合に呼びかけようという話になった。帝国・第一の共闘を年末闘争から始めた。共同闘争委員会を作り歩調を揃えた。二八日、帝国・第一それぞれの社長に要求を提出した。一二月三日に会社回答が出されたが、組合は不満。一旦要求を出せば、交渉によって値下がりするのだが、共闘委員会は、なんと越冬資金当初要求二〇〇〇円を三〇〇〇円に修正して再提出。強気というよりも、時々刻々物価が音を立てて上がるから、止むに止まれぬことであった。五日、第二次回答が出された。要求＝生活補給金平均本人三〇〇〇円・家族五〇〇円、賃金二八八四円六八銭に対して、回答＝生活補給金一九六〇円、賃金二四五三円。生活補給金は六五％、賃金八五％の妥結率であった。

一二月七日、横浜ニューグランドホテル従業員組合が共闘参加を申し入れた。意気上がる。一二月末から統一発起人会を立ち上げ、趣意書を全国のホテルへ発送。松の内から丸ノ内ホテル従業員組合へ勧誘ビラ活動。三月二八日、日本ホテル従業員組合連合会（以下、従連。後にホテル労連）結成大会をもった。加盟組合一三、組合員二四五七名であった。宣言には、わが国を国際観光地として再建するべく、あらゆる耐乏生活と闘ってきたが、破局的インフレの亢進で生活が崩壊の危機である、と切実な叫びが書かれている。まったく日本全国、いずこの組合でも同じ叫び声であった。

《綱領》（ひらがな表記とした）①我等は勤労の社会的意義の重大なるを自覚しホテル業務の民主化を確立し以て新観光日本を建設し世界平和に貢献せんことを期す。②我等は健全強固なる団結を計り以て労働条件の維持改善を期す。③我等は経済的・社会的・文化的地位の向上と共同福利の増進を期す。④我等は技術の練磨品性の陶冶智能の研鑽に努め以て人格の完成を期す。⑤我等は労働戦線統一に努力し且世界労連に加盟の実現を期す。

世界労連は、一九四五年、イギリスとソビエト連邦を中心に結成されたが、四七年以後、アメリカによるソ連封じ込め政策が開始し、四九年、国際自由労連が結成される。世界の労働運動は分裂した。

産別としての組織拡大が続く。四九年三月二四日、第一回臨時大会では、「失業対策」と「労働戦線統一」を議題として論議した。ドッジライン不況下で雇用不安が深刻に迫ってきた。雇用問題を個別企業問題としてのみではなく、社会問題として闘おうという狙いである。七月六日、従連など関連五単産が「全国進駐軍労働組合戦線統一協議会」（前進協・後の全駐労）を結成した。

もう一つ、四七年八月一五日の貿易再開に備えて、バイヤーズホテル（貿易庁関連ホテル。以下、貿連）が国有・国営ホテルとして再出発していたが、四八年一二月一七日で民営化される。働く者は非常に不安である。五〇年三月九日、従連・貿連が合同し全日本ホテル従業員組合連合会を結成した。一一月二二日、レストラン関係の組合を加えて全日本ホテル・レストラン従業員組合連合会とする（一九五八年九月、レストランはここから外れる）。産別組合も動き出した。

4　帝国ホテル「独立」記念日

接収解除

一九五〇年六月二五日、朝鮮戦争が始まった（五三年七月二七日、勝敗なき休戦まで続く）。

七月八日、マッカーサーが吉田首相宛て書簡で七万五〇〇〇名の警察予備隊創設と海上保安庁八〇〇〇名増員を指令した。ＧＨＱは、軍隊と見られることを極力警戒し、さらに国会審議をさせないために政令で処理させた。どさくさ紛れの再軍備、憲法無視が始まった。

七月、総評（日本労働組合総評議会）結成。加盟一七組合・三七七・五万名、オブ加盟一七組合・六三・五万名。《基本綱領》①政党と労働組合は異なる。②破壊的極左労働運動を否認。③労働者の利害と資本家階級とは基本的に対立。④平和的・民主的手段により社会主義社会を実現しようとする政党と積極的に協力。⑤国際的労働組織の拡大強化への参加。

五二年四月二八日、サンフランシスコ講和条約（日本国との平和条約）と、併せて日米安全保障条約が発効、日本国が独立した。お祝いムードなし。片面講和（西側諸国とのみ）で、一方には全面講和論があり国論が二分されていた。沖縄は本土の独立後も置きざりであった。沖縄返還闘争が盛り上がった一九六〇年、沖縄祖国復帰協議会は四月二八日を「屈辱の日」と呼んだのである。

五月一日、第二三回メーデー。明治神宮外苑集会後のデモ行進で三万名が皇居前広場に向かった。警官隊は催涙弾と拳銃を発射。死者二名・負傷者二〇〇〇名をこす惨事となった。これが「血のメーデー」といわれる。権力の乱用、横暴である。

さて、日本の独立に先駆けて三月三一日が帝国ホテル「独立」記念日となった。占領軍による接収が解除された。足掛け七年、二三九七日、長かった。占領軍は、持ち込んだ家具什器類を余さず残さず全部運び去った。ホテルの中はがらんどうだ。アメリカ軍の最大の特徴はロジスティックスにある。第二次世界大戦のアメリカ軍勝利は、まさに兵站戦略の成功である。

帝国ホテル・パーソンたちも、その一端を垣間見てほとほと恐れ入った。とはいえお見事、アッパレと感心している暇はない。直ちにホテル内装をやっつけねばならない。おカネを出せばなんでも手に入る時期ではない。たとえば絨毯。古いものを活用するしかない。

大正（一九二二年）生まれの絨毯を、一九二二年入社した鈴木幸太郎が自前で染め直した。模様を描いて染め上げ、屋上で干して完成。ロビー・客室・宴会場など広大な床に敷き詰めた。これ、ホテル・パーソンは手染めの絨毯として語り継ぐ。

サークル活動の活発化

長い封建意識と軍国調が骨の髄まで染みとおった人の意識は急転直下には変わらない。現場では軍隊調の後輩イジメがあった。組合執行部は主任級が独占していた。青年たちの中に、おかしいという気風がむくむく湧いた。元気な青年たちが組合三役を奪取する直前までいってぽしゃった。クーデターだと受け止められた。お家の一大事と思ったか、会社側は陰に陽に組合活動に介入する。

「組合員みんなの組合にしようじゃないか」というマグマは消えない。青年を中心にサークル運動が活発になった。五一年一一月、従業員食堂で開催された文化祭に、高野和男ら有志が、劇「唐人お吉」を上演して好評を博し、演劇研究会が発足した。調理師の青年が芝居の脚本を書く。彼らがめざしたのは、ややこしい現代社会において、いかに生きるべきかを自らも問いつつ、観衆に問いかけたい。ただメシが食えればよいのではない。

社会的課題といかに対峙していくか。俳句グループも立ち上がった。最盛期にはホテル従業員七〇〇名中五十数名の俳人を数えた。映友会・俳句部・短歌会・演劇「煉瓦」・音楽愛好会・うたごえサークル。体育系も、水泳・ワンダーフォーゲルが立ち上がった。その他、書道・生け花・茶道の会など。サークル最盛期は、組合員の一割程度が活動に参加していた。

サークル活動を通して、自分を表現する途を獲得したことは素晴らしかった。創作すること、技を磨くこと、鍛え上げることなどは、人生を充実したものにし、人間としての品位を涵養する。先人たちは、誰にも譲れない自分の時間（自由）を、わが人生のためにコツコツ鍛え上げていたのではなかろうか。食うことのみに専念した時期を乗り越え、自己表現に打ち込む人々が台頭してきた。

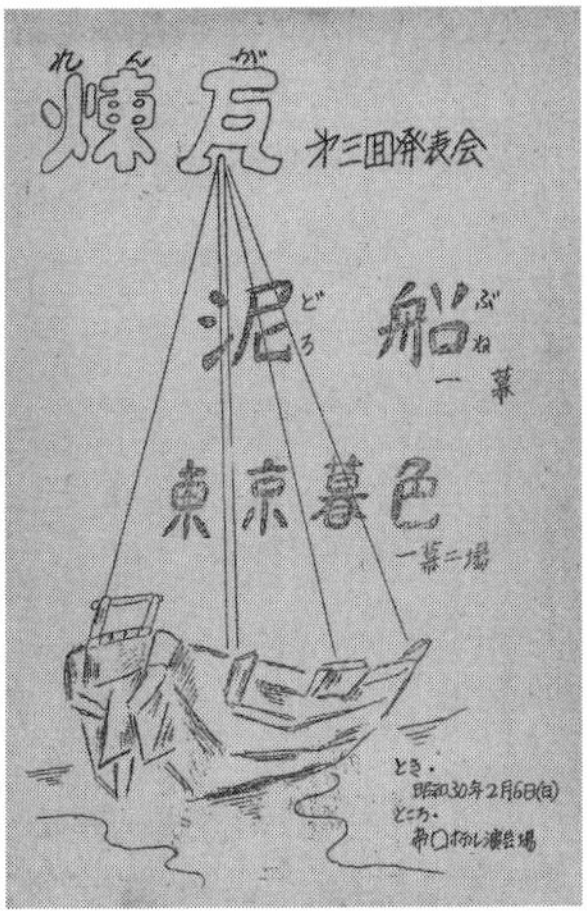

演劇サークル「煉瓦」の
『泥船』パンフレット

少し前、五一年末に「三越起つ」と大きく報道された全三越労働組合の四八時間ストが青年たちの心をとらえていた。組合潰し・不当解雇に反対して起った三越百貨店ストでピケットを張った中心は女性である。警察・暴力団がピケ破りの暴力行為をはたらいた。組合員一六〇名の負傷者を出した。会社の不当労働行為が東京地裁で認められ、被害甚大ながら組合が勝利した。民主主義を構築し、労働者の権利を守るためには、闘わなければならないことが誰の脳裏にも浮んだ。

五四年五月の教宣文化ニュースは、三越争議に触れた後、「当帝国ホテルでは、労使の軋轢や、ストライキは一度もなかったが、会社の体面をおもんばかっているのではないか。会社の最高幹部と組合側の最高幹部の政治力の現れであろう」云々。労使関係がボス同士の関係によっていることを示唆している。そして、「政治的発言をすればアカ呼ばわりされるような気風があるが、われわれの全ての課題は政治的たることを免れない。だから、政治に関心をもとうじゃないか」と語りかけた。

翌五五年一二月一〇日、組合が音頭を取って制作された犬丸徹三社長胸像除幕式がおこなわれた。三役提案一人二〇〇円の「自由カンパ」であった。労使対立の時節、ともにホテル経営にがんばってきた同志犬丸を讃えたのは、麗しいエピソードではあったが、この年七月一〇日の第一〇期定期大会は定員に満たずで流会していた。胸像制作に対する反対派は少なかったが、組合幹部に対する疑問と不満が水面下で渦巻いたのである。

5　高度経済成長の陰で

多発する労使紛争

モノ不足の混乱は脱したが、インフレが止まらない。生活は厳しい。エンゲル係数五〇%、食べるだけでやっとこさ。ピースとトリス一ショット四〇円、映画・パチンコが娯楽の王様、パチンコ産業売上三三〇〇億円、国家予算一兆円。一方、産業は電力・海運・石炭・鉄鋼の四大産業を軸として大きく復興した。技術進歩が著しい。佐久間ダムができた。ドリル・ジャンボ、ダンプ、ブルドーザー、油圧ショベル、クレーン、コンクリ運搬車の威力に目を丸くした。鉄鋼にストリップミル、製鉄一貫生産が登場する。造船では自動溶接、ブロック建造法。繊維にナイロン、ビニロン、電気ではトランジスターなど。

日経連（日本経営者団体連合会　一九四八年結成。二〇〇二年、日本経済団体連合会）が、組合の賃上げ攻勢に対して、職階給・職務給で対抗する。石炭・電力のスト規制法が作られる。ストなどやるのはけしからんという考え方が依然支配している。固くて古い慣性である。日経連の労働協約基準案を背景に、課長級の非組合員化が進んだ。組合側にとっては重要な力を失うことになった。

一九五〇年代は労使紛争が多発した。五五年、ホテルテイトでは不当首切り反対闘争、解決に一年を要した。「Don't Tip Servant Individually」（個人的心遣い不要）のワッペンを着用して闘った。おカネに頭を下げませんよという心意気だ。五六年の年末闘争で、川奈ホテルでは、陳情団方式戦術で大衆が直接声をぶつける。「臨時雇いをなくそう」という取り組みもやった。五七年春闘では、ステーションホテル従組がリボン闘争を展開した。ホテルの組合におけるリボン闘争のハシリであった。五八年夏季闘争で、京都ホテルは二四時間ストライキを展開した。

当時、組合役員のなかではしばしばストライキについて話し合われた。「ストができない組合は弱い」という言葉に代表される。ここ一番、後ひと踏ん張りの決め球がほしいのは当然である。一般の人はストライキについてどんな見方をしていただろうか。

「四人の子の母親です。（夫からこの秋はストをやるだろうと聞いたが）会社からお給金をいただいて、一生涯の生活の面倒をみていただいている、いわば、わたしたちの親も同様な会社を敵に回して、みんなの仕事を休ませてしまうなんて、だいそれたことは止めてください。みんなして家族ともども会社を愛してゆこうとする気持ちはわたしたちと変わりないはずです。どうかお願いですからストライキだけは止めてください」（一九五六年一〇月）。

これ、大手製造業組合機関紙への投稿である。なんという無知な、と思う人が少なくないだろうか。実は、これこそが、いずこの組合でも組合員と家族の通念である。組合役員は一所懸命である。その周辺で活動に関わっている人たちも一所懸命だ。現実は重たい。変革には時間がかかる。

一九五五年、春闘が始まった。多くの労働組合が連帯して賃金引き上げの交渉をやろう。企業内の壁を克服し、賃金水準を社会的に波及させよう。これが春闘の基本的な考え方である。総評副議長・太田薫が提唱し、八単産共闘（炭労・合化・私鉄・電産・紙パ・全金・化同・電機）から始まった。参加人員七三万人であった。翌五六年、総評・中立労連による春闘は一気に四〇〇万人参加の大イベントとなった。

「春になれば春闘だ」といわれ、前述の家計をきりもりする女性のような意見の人も、日本全国津浦々、春闘風が吹けば、知らずしらずその気になって巻き込まれていく。勢いというものである。春闘方式による賃金引き上げは、結果的には労働生産性の範囲内に収まっているが、資本主義制度における利潤と賃金（コスト）の関係において、労使それぞれが知恵を搾り、鎬を削って解を求めるという関係を徐々に構築していった。賃金決定の労使対等関係を築いていった意義を重々認識しておきたい。

働く女性についての当時の意識状態を見ておこう。

女子が、結婚し家庭をもち、子どもをもつ段階となれば、妻となり、母親となって、なおかつ従来の職場を守らなければならないのか。それが本人のためになるのか。現在の家庭生活（経済）が不十分であることは一応了解できるが、それは社会一般的なものである。すべて夫婦「共稼ぎ」するという考え方はうなずけない。**結婚したら、主婦として、母親として勤しむのが妥当ではないか。**

これ五〇年代半ばの人事マンの考え方、いや、社会通念だ。男女平等が叫ばれても一皮むけばこんなものだ。女子のお勤めは、いまなら婚活、人生見習い、職場の花であるから、結婚すれば辞めて当然という古典的女性観である。一方で、女子は腰掛就職だという批判、寿退職させようという動きも出る。五七年前後からホテル労連（ホテル労働組合連合会）の女性会議が始まった。世間の風の冷たさのなかで善戦健闘した。帝国ホテルでは、社内結婚まかりならぬ。こうした気風はいずこの会社でも似たようなものだった。恋人たちは、周辺にばれないように腐心した。しかし、この手の話は直ぐばれるのだから厄介である。

理屈をいえば人権問題である。五九年一〇月一日をもって共働き可能となった。

戦後民主主義の曲がり角

わが国の民主主義運動がもっとも高揚したのは、六〇年安保反対闘争と三井三池争議であった。

五〇年代、駐留アメリカ軍基地拡張問題が各地で起こった。富士山頂まで射撃演習上にするなんてことを言いだす。反対運動で潰したが、もし実現していたら世界遺産は？　内灘村（石川県）、砂川基地拡張反対闘争などでも人々は善戦した。五二年一〇月一五日、警察予備隊が保安隊に改組。五四年、自衛隊が改組発足。吉田首相は「新国軍の建設である」と挨拶した。なし崩しだ。まだ「自衛のためでも、戦力を持つことは再軍備であり、憲法改正しなければできない」（吉田）と語っていたが、現実はずんずん進む。

五四年三月一日、第五福竜丸がビキニ環礁でアメリカの水爆実験の放射能を浴びた。政府は当初内密にした。読売新聞の大スクープが一挙国論を揺さぶる。五月から原水爆禁止署名運動が起こり、翌年八月には国内三二〇〇万人、国外六・七億人の署名を集めた。平和運動が高揚していた。

五六年一二月一八日、国連総会は日本の国連加盟を全会一致承認した。代表として挨拶した重光葵外相は「日本は国連の義務を忠実に遂行する。世界の緊張に対して、日本は東西の架け橋になって、平和の推進に寄与したい」とスピーチした。降伏文書にサインした重光の胸中を去来したのはなんだったか。

安保反対闘争は六〇年四月から本格化した。ときの首相・岸信介が根こそぎ反共主義者だから、重光の東西架け橋論のカケラもない。力で抑えつけよう、それも中身は全面的にアメリカ頼みである。誇り高きデモクラットは我慢できない。多くの国民が街頭に出る。五月一九日から翌未明にかけて、自民党は、議事運営委員会、安保特別委員会、本会議と相次いで単独採決強行。審議一切なし。院内に警官五〇〇名を動員。議会制民主主義の破壊である。一五日、国会抗議行動していた樺美智子さんが亡くなる。連日、国会はデモ隊に囲まれ、全国各地で集会・デモが展開された。一九日、安保条約自然承認するが、反対抗議行動は燃え続け、陸上自衛隊の出動まで画策した岸は二三日に退陣表明する。

保守陣営には戦前という回帰位置がある。デモクラットは、戦前はまっぴらご免だ。民主主義育成をめざす。安保反対闘争は、日本人の民主主義意識と平和思想を示した。しかし、政治的柱が未熟であった。大衆行動が抵抗闘争に終わるか否かは、国民的政治意識の成熟が問われる。その核が政党なのである。

三池争議のてんまつはこうだ。五〇年代、石炭から石油へのエネルギー転換が本格化した。三井鉱山は、五九年一二月一〇日、組合活動家三〇〇人を生産阻害者と決めつけ、一二一四人の指名解雇を発表。組合は六〇年一月五日、解雇通告を一括返上。会社はロックアウト、組合は全山無期限スト、家族ぐるみで対決。流血事件も発生した。金融界が協調融資で会社を支え、総評が組織を挙げて支援、六億円資金カンパ、二九万人を動員した。七月二六日から中央労働委員会斡旋が開始し、紆余曲折を経て、一一月一日、労使が平和宣言を確認した。ロックアウトから二八二日が過ぎていた。

三池争議は企業合理化に対する組合の反対闘争である。宮川睦男組合長は「解雇撤回が悲願」であったと話された。小柄、温厚、とつとつぽつぽつ話される。解雇撤回が悲願と話された時、聞いていた青年たちの目に涙が浮かんだ。炭坑労働者は他に技術・技能を持っていない。苦しく危険な炭坑作業に耐えて働いたのは他に容易に働き口を求め得なかったからだ。全組合員が一枚岩として闘う言葉は「全員の雇用を守る」ことにあった。第二組合が結成されて、一枚岩は崩れたが、なおかつ一万一四〇〇人が、指名解雇の一二一四人を守って闘ったことは後々まで語り継がれた。

組合が合理化に対して政策・提案を出して労使協議するためには、会社側に労使対等認識が不可欠である。会社は暴力団を雇い、陰惨粗暴な力で決着しようとした。許容できない。争議行為は暴力ではない。三池争議は、労働者の人権問題である。労使関係は、民主主義の本質と深く関わっている。

民主的組合活動をめざして

一九五八年、帝国ホテルは第二新館がオープン。客室数九〇〇、ベッド数一六〇〇。同年四月新規採用、男子七人・女子一三七人。青年が大挙組合員になった。高卒初任給四八〇〇円。製造業は七〇〇〇円程度だから低賃金、薄給であった。六四年東京五輪に向けホテルは大車輪であった。

五九年六月、第一四回定期大会で高野和男が第四代組合長に就任。一一年続いた春日藤喜組合長を選挙で破った。大会でもさしたる論議がない、シャキッとした執行部答弁がない。なにもやらない組合、春日のボス交（ボスの独断専行による交渉）に組合員の不満があった。役員になっても会議に出ない。職場も組合の世話役を支えない。若者が発言すると、生意気だと剣突くらう。調理場辺りは親方衆が組合の意義を認めていない。先輩・後輩関係、仕事序列が絶対でおいそれと若者が動けない。組合作りは民主主義の実践だ。

高野は、前述青年クーデターの中心人物、春日執行部の副委員長だった。今度は執行部内クーデターというわけだ。犬丸徹三社長は管理職を集めて「高野を当選させるな」と檄を飛ばした。立派な不当労働行為である。ひいきの引き倒し。春日落選にもっとも貢献したのは、犬丸社長である。高野二九歳、一気に二五歳若返った。新鮮に感じた。元気な青年グループが活躍する。翌年、執行部に入社二年、三九歳の半田誠と同年配の篠田成夫が加わる。苦労人の二人が若い執行部に厚みを加えた。

真っ先に民主的組合活動をめざした。「幹部闘争から職場闘争へ」という。六一年、青年部を復活させた。組合員六人に一人の職場委員を作る。この単位を職場分会と呼んだ。分会組織の上に分会連合を設ける。六二年には職場委員会議を作った。職場分会連合には議長・副議長制を設けた。分会↓分会連合↓執行部の関係を作った。六二年定期大会では、執行委員立候補をいままでの職場推薦制から立候補制に変えた。組合財政の確立に着手した。組合費は賃金天引き（チェックオフ）であるが、組合員数を正確に把握していなかった。いざというときのために闘争資金積立も開始した。

六〇年、懸案の交通費支給の取り組みで公聴会を開催、闘争意欲を盛り上げて達成した。

このとき初めて労使間に協定書を締結した。六一年賃上げ闘争では、初の資金カンパ。浄財六五万五三〇七円。組合員一二〇〇名、一人当たり五四〇円。大奮発だ。初めて中央闘争委員会を五二名で立ち上げ、一〇七名の班組織が支える形を作った。一部で腕章闘争もやった。職場集会で大いに盛り上げた。

六二年期末手当闘争はアンケートによる要求作りから開始、ストライキ権投票六七・一%の賛成で確立。初のストライキ権確立、賛成率は大快挙ではないが快挙であった。チップ制は廃止したけれども、依然チップ収入があった。これらの部門は組合に関心が薄い。意思統一がなかなかできなかった。スト権確立をめざして執行部はあちこちにビラを貼り、片っ端から組合員に協力要請して回った。大車輪で大波発生。損得勘定を乗り越えた。みんなを巻き込んだ。敗北感がない好結果を生んだ。勝利したと言わず、敗北感なしというのがいい。賃金闘争は交渉だ、喧嘩ではない。

六三年賃上げは、前年年末に高野組合長が病に倒れて入院する。若手副組合長の笠原三夫・岩佐巌が大奮闘、青年層がともに燃え上がった。一人平均一三〇〇円、総額二〇五万円で会社回答が動かない。会社も社内に不況宣伝を展開する。スト権投票七五%で確立、前回より六・九%上昇。ホテル労連が帝国ホテルと対角線交渉する。会社は外部の交渉人が入るのを非常に嫌う。どこの産別でもほとんど会社との交渉はできていない。特筆大書である。会社回答が総額三二五万円に上がったが、回答拒否・リボン闘争の提案をする。会社は業務命令でリボン闘争妨害を画策する。組合ははねのける。緊迫した情勢下、会社回答三五五万円を引き出した。「やった」という声が出た。

宴のあとの組合潰し

ホテル労連の各組合は次第に成長し、力をつけてきていた。新組合が続々結成された。ところが、経営者の不当労働行為が少なくなかった。経営者の質が悪いといえばそれまでだが、労働組合法で公認されている組合結成や、組織活動を妨害するのは憲法違反だ。社会的公器としての企業経営者ではない。いかに素晴らしい法制度があろうとも、働く人々が声を挙げ、行動しなければ絵に描いた餅である。

一九五六〜五七年は神武景気と大げさに表現された。しかし、日本経済は底が浅い。アメリカがくしゃみをすれば日本が風邪を引くと自嘲した。神武景気から七四年ごろまでの二〇年間を高度経済成長時代という。実質ＧＮＰは、この間年平均一〇％の成長を記録した。後に日本経済は「不死鳥のごとく蘇った」といわれた。東京都人口は六二年に一〇〇〇万人。六三年、ＧＡＴＴ一一条国に、六四年、念願のＯＥＣＤ加盟を果たした。先進国の仲間入りだ。六七年が資本自由化、巨大企業の合併が続いた。一方、中小企業対策はパッとしない。日本経済の二重構造が批判された。

六四年東京五輪は日本中熱狂。選手村で食事を支えたコック一六〇名のうち、帝国ホテルは一六名だった。給食業務準備委員会委員長・犬丸徹三が「五輪中は禁酒」を厳命して雰囲気は険悪、士気低下。手染め絨毯の鈴木幸太郎が理由を見抜き、犬丸の厳命を解いて事なきを得た。明治の気骨とはいえ人の気持ちがわかっていない。オフタイムまで統御するのはナンセンスだ。

まあ、この話は笑えるが、笑っていられないのが五輪後のホテル経営者の経営戦略である。宴の後の不況に直面した経営者は、企業体質強化、生き残りと称して、なりふり構わず。あちらこちらで組合役員に対する不当労働行為（解雇）が発生した。ヒルトンホテル労働組合委員長は、裁判を起こした。和解は四年後。鳥羽国際ホテル労働組合委員長は地位保全の仮処分に勝訴まで一年要した。組合潰しである。潰しが成功しなくても裁判の結論が出るまでには膨大な時間が必要だ。兵糧攻めでもある。組合活動を妨害して、組合員意識をそぐ狙いもある。会社は絶対権力を認めさせれば儲けものという作戦だ。組合は譲らず踏みとどまった。よく闘った。組合の組織力、とりわけ連帯なくして立ち向かえない。さらに単組を超えた産別支援体制がなければとても持ちこたえられない。

六三年二月六日、ホテル労連中央委員会は「首切り合理化に反対し時間短縮と完全雇用を闘い取ろう」。六五年九月定期大会には「賃上げモノ取り主義だけではいけない」、六六年定期大会では「合理化反対闘争」を掲げる。合理化が、本当に合理的なのであれば、組合が反対する理由はない。しかし、合理化を金科玉条として、一方的に働く人々の負担を強い、ついでに組合の弱体化も狙う王手飛車取り戦略が多かったから、組合は闘わざるをえないのだ。

6　一九六八年クリスマス・イヴの常任委員会

新本館の建設計画

帝国ホテルは、一九七〇年万博やジャンボ・ジェット時代を展望して、新本館（地上一七階・地下三階・延べ面積一二万平方メートル）建設を計画した。六七年一一月七日、犬丸徹三社長は計画を発表した。その前、犬丸社長は組合に対して雇用を守ることを約束したが、組合員は心細い。慣れ親しんだライト館（本館）が一二月一日から解体作業に入った（ライト館の一部が愛知県犬山市の明治村へ移設）。

六四年から篠田成夫が委員長に就任。ところが六五年春闘でリボン着用に同意を得られず、六六年春闘は執行部案が常任委員会で引き下げられた。六七年春闘スト権賛成は六八・二％に落下。奇妙な現象である。篠田は、活動が上滑りして定着していないと見た。元来、日本人は声を挙げない気風だ。上意下達じゃいかん。軍隊経験から学んだ。とにかく組合員の発言・出番を作ることに腐心した。篠田は考えた。「過去の成功体験を現状に当てはめても成功しない。現状は過去の体験によって作られているのだから、現状を変えようとするのであれば、過去の体験からきた自分そのものをまず変革しなければならない」。自分が変わるべし、見事な着眼点である。これを後に佐々木吉郎が実行するのである。

六八年春闘ではスト権賛成四五・八％、スト権投票アウト。四月九日、犬丸社長が従業員を集めて訓示した。「目下、新本館建設の一大事業展開中である。（賃金は）我慢するべきであって、スト権を確立するのは間違いである」云々。六八年春闘で、組合は「賃上げ三七〇〇円の二年間」協定（今年度と来年度）を飲まされた。労使賃金特別委員会で職能給・能力給導入のための検討を迫られていた。賃金額と配分の両面から経営側のペースが進む。新館オープンまでの二年間、旧本館従業員四〇〇人中、約一〇〇人の出向取扱いの問題もある。出向者は国内外に派遣された。二年間の約束が本当に履行されるのか。組合は、粘り腰、「組合員のクビを切らない」という言質を会社から引き出した。

春闘後、篠田組合長は後任に、佐々木吉郎を「指名」する。前評判からすると本命・対抗馬ならぬ穴馬だった。篠田は人を見る眼が鋭い。六八年七月二〇日、第二三回定期大会で、佐々木組合長が登板した。

六九年春闘で、春闘共闘委員会は賃上げ一万円を要求した。われわれは蚊帳の外でよろしいか、いかん！　理不尽でも二年間の約束をした。約束をひっくり返すのは信義にもとる。しかし……佐々木は、よしんば「一揆に終わってもいい」と決心した。一揆＝自爆ではなく、後々のために自分が捨て石になる覚悟だ。組合員の力を引き出すために学習会を大々的展開しよう。問題として考えてくれるか否かだ。勝負は、組合員一人ひとりが、自分の問題として考えてくれるか否かだ。一人ひとりが仕事や生活を見直し、いかに行動すべきか考えてもらおう。正攻法を徹底してやろう。総評オルグ・高田佳利ら助っ人を頼む。

学習会から生まれた言葉

六八年クリスマス・イヴの常任委員会、執行部は「会社提案の賃金特別委員会案の一時棚上げと、賃上げ交渉の道を見つけたい」と決意表明、大衆的研修会開催を提案した。常任委員会は了承した。六九年一月から幹部・組合員学習会、職場集会など隙間なく開催した。中心のマグマが周辺へと噴出する。列車分会の議長・副議長は、非番で休んでいる組合員を駆り出す。勤務明けくたくた組合員を学習会会場へタクシーで送る。夜討ち朝駆け、執行部・職場役員一体となったオルグ活動が展開された。目つきが変わった。二月一七日の組合員学習会には五〇〇人超の組合員が馳せ参じた。全組合員の三八％だ。学習会では、自分を語ってもらう。自分を語る。本音を出そう。「世間並みの生活がしたい」、「子どもに三輪車を買ってやりたい」、「親子四人で生活保護世帯並みだ」、「たまに急いで帰宅すれば、女房が、会社で食べてよという」、「結婚したけれどいつ子どもが作られるか」、「エンゲル係数八〇％だ」など、出るわ出るわ、お互いに身につまされる。一揆は起った。後に「六九決起」という。

学習会から「人間性の回復」という合言葉が生まれた。二月中旬から三月初めにかけて職場集会は都合三回、誰もが最低二回参加した。三月九日、代議員全員が完全出席で臨時

ライト館で開かれた臨時組合大会（1969年３月９日）

組合大会。傍聴者多数、要求満場一致決定。盛り上っていた一〇日、要求書提出。交渉をテープレコーダーに録音して組合員に聞いてもらう。不当労働行為対策のために摘発メモを全組合員に配布。スト権投票結果九六％。やった！　学習会だけで二〇〇万円かかった。組合会計はカラッケツだ。カンパ一人一〇〇〇円が決定された。

四月五日、第五回団交。回答九七八一円出るも不満拒否。六日、争議通告。八日、常任委員会開催、不当労働行為対策学習会を開催した。九日、第六回団交。会社は「さらなる上積みは不可能」と主張した。組合は一〇日以降、職場ごとの交渉に入る。一一日、中央闘争委員メンバー全員が無期限指名ストに入る。第八回団交。夜、やや前進回答出るも拒否。一二日六時半から、リボン着用態勢、第三次回答を引き出した。八時、各職場の組合員がリボン闘争を整然と決行した。一二時半、第三次回答を検討した結果、事態収拾の方向を決定する。一七日、臨時大会で集約方向を確認した。賃上げ一万四六一円、民間平均六八四五円、ホテル労連平均六五六〇円。本給一本化でも大きく前進。全国で一万円超えたのは約八〇組合だった。組合員一人ひとりが変わった。

もっと「職場に組合を」

正攻法が実った。佐々木組合長の覚悟が、短期間に結実した最大の理由はなにか。みんなが抱えていた本音であり、本音が、学習会・職場集会・職場を超えた交流でガンガン響き合い、大増幅して、その大音響が会社の回答を引っ張りだした。組合員の力である。

ホテルは新館建設で巨額投資する。銀行から巨額融資を受けた。銀行に乗っ取られるという危機感は、みんなが共有していた。その雰囲気が支配していた。帝国ホテルの伝統を維持したいという思いと劣悪な条件との間に従業員の気持ちが閉じ込められていた。「欲しがりません、勝つまでは」みたいな雰囲気であった。だから、組合の悪戦苦闘が続いた。

とはいえ、いかにホテル・パーソンとしての誇りを大事にしているにしても、がまんにも限度がある。黙っていたのでは状況は変えられない、という核心に点火した。「人間性の回復」という言葉は、彼らが嵌っていた穴から飛び出す心の支えになったのである。見事な戦略・戦術であった。

会社は、なぜ協定破りとして正面反撃しなかったか。佐々木の述懐だ。「今後人を採用するにしても、(こんな低い条件では)やっていけないという危機感をもった人が少なくなかった」。非組合員であっても、現実がどんな具合かは知っている。しかし容易に声を挙げられない。「下情上通」が円滑にいかないのは、旧軍隊、旧社会と同じだ。組合はそこを突いた。声を挙げる機会を作った。非組合員も共感のエールを送っていた。佐々木の私憤に仲間が応じた。立派な公憤を引き出した。いまも帝国ホテル労働組合で語り継がれる「六九決起」は、「これが組合だ」という姿を描き出した。六九年八月二八日の定期大会では、「人間性の回復」と、さらに、もっと「職場に組合を」という合言葉を掲げた。

7　帝国ホテル列車食堂株式会社

新館オープン直後の混乱

一九七〇年三月一五日から九月一三日まで、大阪千里丘陵で日本万国博覧会が開催された。投資総額一兆円。お題目「進歩と調和」。ＥＸＰＯ'70だ。参加七七カ国、入場者六四二一万余人。上海万博まで入場者記録破られず。アメリカ館のアポロ一二号が持ち帰った月の石がお目当て。「月へ行くことを思えば、あなた……」と会話しつつ人々は延々と行列した。人、人、人であった。

七〇年春闘、ホテル労連は万博開会前に決着させ、他産別に先行する作戦を立てた。帝国ホテル労働組合は、新本館オープンの三月一〇日をめざす。研修会・職場集会・各種会議を積み重ね、ホテル労連四〇〇円＋単組闘争資金カンパ二〇〇〇円の活動に精力投入。個別徴集は連帯活動の原点である。

二月五日、スト権九六％で確立。職場ごと適正人員交渉開始。二六日、一万一四二二円の回答、女子深夜業廃止や福利厚生面で前進して妥結。ここまではよかったが、新館オープン直後、要員不足で悲鳴が上がった。二〇日間ホテルに泊まり込んだ（会計）、有給休暇が全然取られず、みんなピリピリしている（接客）、三〇〇人のお客さまに対して七〇人では回らない（食堂）、宴会場広すぎ、足が棒だ（宴会）、仕事の範囲と量が拡大して、仕事がマヒしてしまう（営繕）など。賃上げ分は吹っ飛んだ。

五月一二日、夏季闘争・一時金要求を決定、合言葉は「職場に正常な姿を」取り戻そう。燃えている。スト権九六・三％で確立。一時金平均一二万一〇〇〇円。隔週週休二日制完全実施と要員獲得三〇名。女子深夜業廃止（除電話交換）、交通費全額会社負担など獲得して妥結だ。要員三〇名獲得は初めてだった。組合員の評価は高い。みんなが仕事をよく知っていて、きっちり職場交渉ができた。

八月、運動方針で、学習の重要性を強調した。いわく、職場の主人公たるためには、労働条件向上のみならず、自らの仕事について、たえず質的・技術的向上を求めようとする職業人としての意識と、職業教育が必要ではないだろうか。

包丁を持たないコックが出現していた。食堂・宴会でサービスが行き届かない。巨大化・システム化・専門化・分業化がずんずん深化する。仕事は機能と能率のみで、働く喜びが失われている。

「あなたはなぜウェイターなんですか?」と問われたらどう答えるか。「おカネのために決まっているじゃないか」と即答するか。とはいえ勤め人、大富豪になれるわけもない。某無頼作家は「ビフテキ一つよけいに食えるか食えないか」が人間の課題であると言ったが、虚無流だ。ホテル・パーソンにとって、これでは誇りが許さない。新館オープンによる大量採用で、組合員は一挙二五〇〇名に増えた。決起のための学習から、働く者の学習へのタネが撒かれた。

七〇年年末一時金闘争は、リボン着用闘争三〇時間、腕章着用闘争。気位高い帝国ホテルだから世間体を気にして譲歩するかと思いきや、やるならどうぞという態度だ。会社側も闘争慣れしてきたか。組合員は純情だ。新幹線車内販売の女子組合員は「国鉄当局から圧力を受けるのじゃないか、お客さまからなにか言われるのじゃないか」、はらはらドキドキ、腕章をつけてワゴンを押した。心細かった。かくして集約は「涙の職場集会」であった。リボンや腕章戦術は、意思表示と宣伝行為である。会社に直接的損害を与えない。一方、組合員にすれば、衆人環視だ。リボン・腕章は軽いが、精神的重圧だ。わが国において当時は(いまも?)まだまだ組合活動に理解がなかった。涙が出たのもわかる。

さて、一一月三〇日、株主総会で、犬丸徹三社長が退陣し顧問になった。主力銀行から

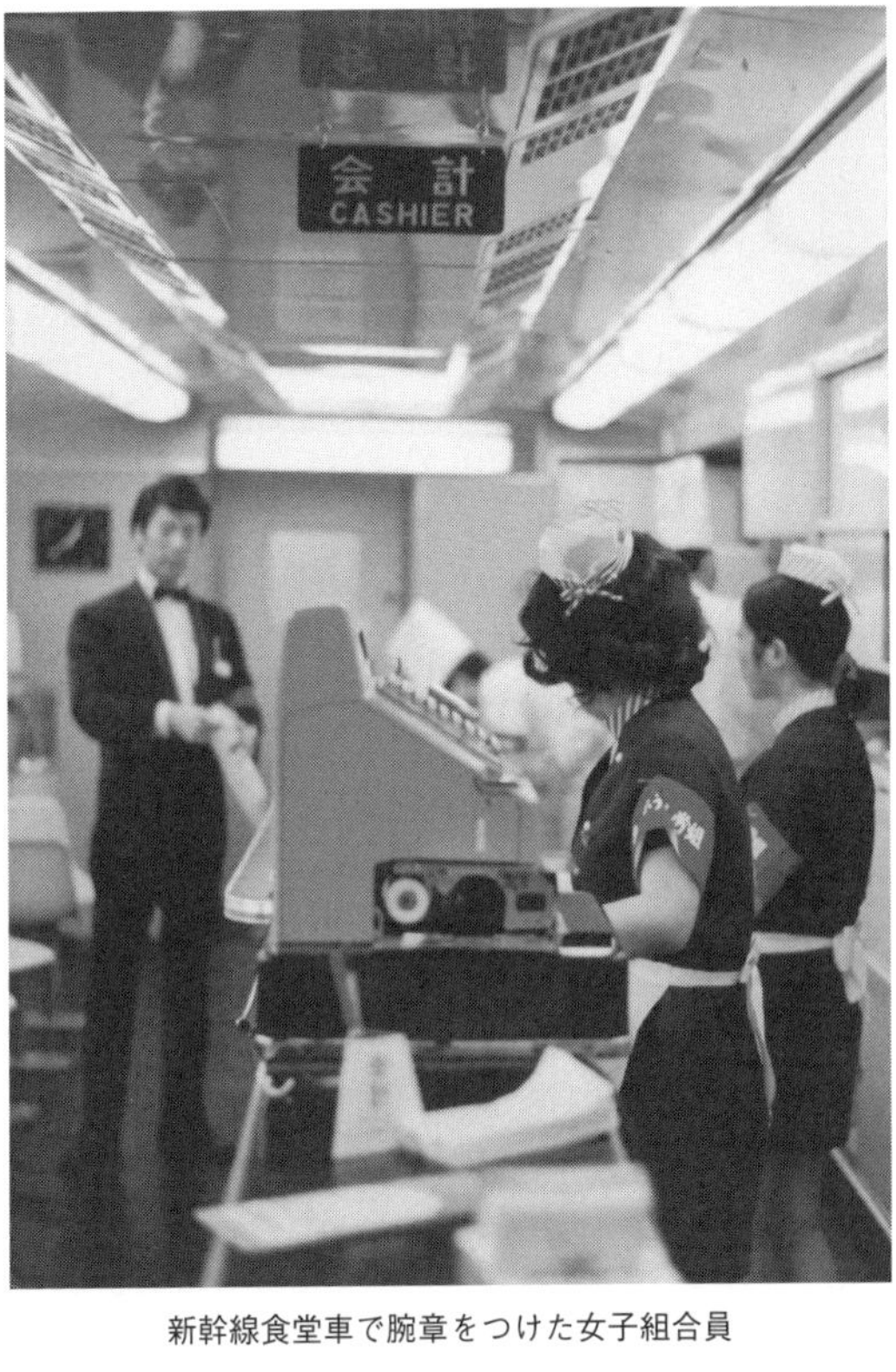

新幹線食堂車で腕章をつけた女子組合員

送り込まれて、社長に金沢辰次郎、経理担当重役・原正雄が就任した。新経営方針は、収益増大、コスト低減、利益率向上である。七一年一月から会長・金井寛人が常勤する。金井は、かつて北支の煙草王と称され五三年から帝国ホテル会長である。京都ホテル社長と兼任。六九年、京都ホテル労働組合をホテル労連から脱退させた輝かしい実績を持つ問題児である。組合では警戒心が高まった。

七一年春闘は、賃上げで本給一本化が三年越しで実現した。労働条件改善以外に会社組織変更に伴う事前協議制を確立した。合理化問題を考えれば事前協議制は大きな前進である。

ここで、日経連とホテル業界初の労務対策会議が開催された。労務担当者の情報連絡を緊密化する。春闘相場に振り回されない。ストを恐れて安易な妥協をしない、などの指導がされた。組合的産別闘争と会社的産別闘争という側面が新たに登場した。敗戦後、経営者が若返ったといえ、多くは明治人。日清・日露戦争勝利の栄光、「ほしがりません、勝つまでは」のスリコミも残る。デモクラシーの素晴らしさよりも、明治ロマンに心の起点がある。「お前ら、辛抱がたりないぞ」という気風が強い。組合運動が高揚することは、経営を縛るという、極めて単純な思想的枠組みがあったのも疑いえない。これでは労使関係を物理的力関係に閉じ込める思想でしかない。現状がいかなる関係にあろうとも、デモクラットであるならば、労使対等をこそ、労使が登って行く山頂としなければならない。まだまだ労使対等への道は遙かである。

列車食堂分離反対闘争

列車食堂分離反対闘争が始まった。その経緯である。

一九五三年八月一日、国鉄東海道線特急つばめ号の列車食堂に帝国ホテルが登場した。犬丸徹三社長（当時）は、「ホテルの宣伝のため採算を度外視して、よい料理と、サービスを提供せよ」、「『さすが帝国ホテル』のプライドを示せ」と訓示した。「お客さま第一主義、プロフェッショナル精神」の面々が乗務した。一チーム一二～一三名、料理長は超ベテラン、A定食四八〇円・B定食三三〇円・CとD定食が二八五円。ラーメン三五円、カレーライス八〇円のご時世である。シェフは一乗務でステーキを七〇枚も焼いた。厨房設備は極めてお粗末。それがまた腕の見せ所として自慢のタネだ。

六四年、東海道線特急が廃止され、新幹線乗務となった。以前のような食堂車なし。帝国ホテル宣伝のメリットなし、撤退するべきか、という経営陣の論議があった。ところが五輪から万博の大イベントが続き現実の対応に追われた。国鉄当局の列車編成次第で、きちんと乗務編成の予定が立たない。一日乗務一往復半は当然、富士山を四回見る。富士山を見るたびにうんざりする。とりわけ七〇年万国博覧会はめちゃくちゃ忙しかった。車内大混雑。ビュフェ超満員。ハンバーグ弁当・カレー弁当、ハムサンドは直ぐ売り切れる。彼女も彼も、帝国ホテルの看板を誇りとしてやってきた。国鉄の要請に対応していたら、ホテルと同数の社員になった（組合員二一九九名・うち列車食堂組合員九〇〇名）。

七一年七月、人事部長・総務部長・人事および労務課長を一斉交代させた。古参管理職十数名を退職させた。労使関係を変えるつもりだな、誰にでもわかる。九月一五日、会社が列車食堂部門の分離提案を提示した。その大綱は、全額出資の子会社とし列車食堂部門を譲渡する。社名は帝国ホテル列車食堂株式会社。予定時期は七二年一月一日。当該部門全社員を新会社に引き継ぐ。全員、帝国ホテルを退職し、新会社採用。一旦退職金を支払う。労働条件は、その時点と同様など。

列車食堂分会の役員たちは頭を抱えた。まず分離ありきじゃないか。動揺した。組合は組織討議を積み上げ、一〇月一八日、列車分離反対闘争の基本方針を決定した。名づけて反合理化長期抵抗路線。いわく、分離提案は認めない。条件闘争はしない。闘いの行方は組織力の展開如何である。自爆はしないが、やれるところまで徹底的にやる。一一月一〇日、臨時大会で「反合理化《三本の柱》」を決定。労働協約要求貫徹・列車食堂分離絶対反対・年末闘争勝利をめざす。九二・一％でスト権を確立した。

一五日、会社は、組合執行部や分会連合の議長・副議長の係長級組合員三三名を一斉に課長代理などに昇格させて非組合員にした。組合潰しの意図ありだ。年末一時金と並行して進む。会社は経営赤字の宣伝を始める。二四日から中央闘争委員は無期限ストライキに入る。二六日、無期限ワッペン着用開始。金井寛人会長がひかり号一〇号車一八番Aに乗った。食堂長が挨拶に出向く。ワッペンを見て「なんで会社がよくなるのに反対するのかね」と会長。食堂長は「わたしたちは誇りをもって仕事がしたいのです」と応じた。会長は、煙に巻かれたと思ったか、ホテル・パーソンの心意気を感じたか。

二九日、総決起集会、一一〇〇名。三〇日、株主総会に焦点を合わせて全面二時間ストライキ。一二月四日、全面六時間ストライキ決行。一五〇〇名がコーヒーハウス前でシュプレヒコール、街頭ビラ一万枚配布。こだま三列車乗務部門スト。一二月七日、連続部分ストライキ、職場ごと時間帯をずらして実施する抜き打ちスト。高度な戦術である。八日、部分スト続行。シュプレヒコールは以後連日。一時金に〇・一四カ月上積み回答が出る。

一五日、労働金庫から越冬資金一・九億円借入、組合員へ貸出開始。二〇日、組合はクリスマス・イヴから年末にかけての連続スト行動を発表する構えで団交。社長出席で「七二年一月一日実施予定の列車食堂分離は当分延期」、「見切り発車はなるべくしたくない」と回答した。二三日、臨時大会で年末闘争に終止符を打った。列車食堂問題と労働協約問題は一時休戦、年越しとなった。ホテル労連東京地協の組合員は二〇〇円カンパ運動、ワッペン闘争などを展開した。国鉄労働組合の支援もあった。

組合は一つ

七二年二月一八日、会社は三月二二日に分離を実施すると通告した。約束が反古にされた。三月二日、会社が年末闘争における処分を発表した。議長・副議長級に出勤停止・戒告処分が出された。三月八日、分離闘争反対のスト権は七八％で確立したが、さきのスト権は九二・一％。あれから一二七日が過ぎた。反合理化闘争の難しさを考えて慎重に対応しなければならない。急ピッチに闘争高揚する過程では不安が吹き飛んでいるが、奔流から一時離れて考えてみれば、ひたすらイケイケでは危険だ。どうすればよいのか！　誰もが悩んだ、考えた。そして、徹底抗戦か条件闘争かの選択でなく、労働条件を守り、かつ帝国ホテル労働組合として対処できるか否か。「組合は一つ」を勝ち取ろうという方向へ活路を見出した。列車食堂分会連合の中央闘争委員は一一名。彼らが柱である。「組合は一つ」を獲得しても、分会連合は必然的に独立する。看板あっても中身なしにはしたくない。なにくそ、「なんとしても列車食堂のなかで」闘いを続けていこう。列車食堂「イレブン」の決意が固まった。

三月一四日、反合理化長期抵抗路線「春の陣」総決起集会を開催した。中央闘争委員一〇日間指名ストライキ、ワッペン闘争、腕章闘争、進展なくば三月二一日、二二日になんらかのストライキ戦術。ストライキ反対の意見も出た。背水の陣である。同日、一七時争議通告。深夜、会社は、「新会社の最終責任は帝国ホテルがもつ。帝国ホテルも新会社も現在の帝国ホテル労働組合を認め、列車分会もその組合の一部であることを認める」と回答した。三月二一日、列車食堂分離の調印。七カ月にわたった闘争が終わった。二二日、分離された列車食堂の従業員は、退職金・分離一時金、トーキョートケイの目覚まし時計と紅白の大福餅をもらって再出発した。三月一五日から新幹線は岡山まで走る。

総発言・総学習運動とその評価

もっと勉強せにゃいかん。一九七二年七月、全組合員二〇〇〇人総発言・総学習運動を打ち出した。反合理化長期抵抗路線と銘打って活動したが、本当にそれでよかったのか。会社が赤字のとき、合理化反対を叫ぶだけでいいのか。幹部独走になっていないか。「幹部は大衆に学び、大衆は幹部に学ぶ」という初心に戻ろう。

そこで、①職場組合員の全員発言運動、②常任委員の基礎学習、③執行委員の基礎的科学講座、の三本柱で学習を進める。常任委員研修会では、「物の見方と考え方」「ホテル産業の動向」「労働組合とはなにか」「常任委員の任務と役割」。執行部は、「哲学」「経済学」「社会学」「実践論」をテーマとした。総発言運動は、組合員全員が発言用紙に記入して、それを資料として、組合員と役員が本音で意見交換する。そこから新しい運動の方向を発見するという企画である。

会社も負けてはいない。総発言・総学習の向こうを張ったかどうかはともかく、パンフレット「社員に訴える」を発行した。業績赤字と企業存立の危機を訴えた。さらに帝国商事の自動車部門分離を申し入れてきた。約一カ月団体交渉で煮詰め、帝国商事からハイヤー部門が独立することで合意した。もちろん、帝国ホテル労働組合の組合員としてであ

ハイヤー部門分離に際してのストライキ

る。労働協約改定にも取り組んだが進展しない。「合意できるものから了解事項や覚書などで協定していく」という考え方のみ確認した。労働協約は労使間の憲法である。労働協約が締結できないところに、労使関係のギクシャクが象徴されている。

七三年春闘、ホテル支部は前段要求闘争のスト権八九％で確立、賃上げ要求スト権九〇・九％、ホテル労連への三権委譲八五・九％で確立された。賃上げもさることながら、食堂・酒場分会連合と料理分会連合が、要員要求について職場交渉、徹夜交渉、一時間の集合ストライキで交渉を追い込んだ。職場議長・副議長が所属長と直接交渉して問題解決を図ったのは大手柄だった、賃上げ第三次回答一万四六三二円を引き出して妥結する。

列車食堂支部は七三年春闘が分離後初めての闘いであった。二月二一日、新幹線大阪運転所で列車脱線事故が発生し、調べてみると死亡事故・労災保険は賃金一〇〇〇日分。命の値段が安過ぎるじゃないか。賃上げに労災要求を加えた。春闘要求は、賃上げ、週休二日制、一日実働七時間・一週三五時間、退職金引き上げ、深夜・残業手当引き上げ、災害補償制度の確立などである。前段要求スト権を八九％で確立した。要員補充が極めて切実だ。分会連合と課長級との職場交渉、職場集会も活発にやった。仕事がきつい、仲間意識は半端ではない。ビュフェの営業二三時閉店、ダイヤ変更に伴うスケジュールに組合意見を採用させる、死亡災害補償は会社見舞金として賃金一〇〇〇日分支給などを獲得した。賃上げスト権は九〇・九％、ホテル労連への三権委譲八五・九％で確立。交渉はなかなか進展せず、「合理化反対・大幅賃上げ」ワッペン着用、一時間のストライキ総決起集会を開催したりして、ホテル支部同様の回答を引き出し決着した。

さて、組合は総発言・総学習運動の評価をどのようにおこなったか。組合役員と組合員との対話がいまひとつ。勉強したけれども、理屈が先行して、職場闘争への力が入りにくくなった。評論家的批判の傾向が出ているというのである。後知恵だが、対話はそもそも号令かけてやるものではない。先入見があると円滑にならない。肩肘張らず相互におしゃべりして、双方がなにかを発見することができれば最高だ。しかし、労使関係は荒削りだ。役員と組合員の間には、目に見えぬある種の緊張関係もあるのが普通だから、期待する成果が上がりにくいのは仕方がなかった。

ましで、これから闘争に向かうという切羽詰った雰囲気である。会社側は労使対等に理解が十分あったとは言えないが、組合員は二重帰属意識にある。闘争時は必然的に盛り上がる。あえていえば「平和は苦しく、戦乱は楽」なものである。対話や学習が、執行部が期待したようにならなかったのは、執行部と組合員の組合に対する温度差であり、執行部にすれば非常に難しい課題なのである。これ、いつの時代にあっても忘れないようにしなければならない。

七三年春闘の社会的な特徴としては、四月一七日、春闘共闘委員会に参加している組合のうち、五三単産・三五〇万人が年金ストを実行したことだ。職場集会も多く開催された。水準を従来の二・三倍に、最低年金五万円、賃金・物価スライドを導入させた。メディアは「年金元年」と称した。

8　帝国ホテル労働組合の志

一九七四年春闘は、賃上げ三三％という史上最高を記録した。春闘、いや、組合の転機を迎えた。

史上最高賃上げが意味したもの

七一年八月一五日、アメリカ大統領・ニクソンが、ドルと金の交換停止、輸入課徴金一〇％賦課を柱とした新経済政策を発表した（ニクソン声明）。以後、不換紙幣ドルが世界中にばらまかれる。世界金融にとってドルは偽札より悪質。世界バブル、常時金融危機の始まりだ。七二年六月、通産大臣・田中角栄が日本列島改造論をぶち上げた。土建屋的発想、オツムがバブル。のぼせ上った人が少なくなかった。七三年秋、ＯＰＥＣ（石油輸出機構）が石油価格を引き上げた。四・三倍になった。ニクソン声明によって、石油輸出国のドル購買力が大幅に下がったためのインテグレーション（価格調整）だ。アメリカの身勝手な政策が石油ショックの原因である。

企業は石油ショック便乗値上げ。大方の商品価格が大幅引き上げ。日用品買占め騒動も発生した。財政膨張、景気過熱、過剰設備投資、消費者ローンの膨張など。少なからぬ大企業はだぶつく資金で土地・株式・商品などを買占めていた。実物経済が金融経済に置き換わる怖さを誰も考えてはいない。

人々は物価引き下げと大幅賃上げを要求する。一一月一一日、全国で「物価メーデー」が開催された。七四年二月、前年同月比で消費者物価が二六・三％上昇した。

春闘共闘委員会は、一月二六日「生活危機突破・七四国民春闘勝利・スト権奪還・労働基本権確立・田中内閣打倒中央総決起集会」を皮切りに、二カ月間大集会を九回開催したが、帝国ホテル労働組合はホテル支部を中心に延べ二〇〇〇名近くが参加した。ほぼ全組合員が参加した計算になる。私鉄が、四月一三日、二万八〇〇〇円・三〇％という中央労働委員会斡旋を引き出した。ほぼ相場が見えた。

帝国ホテル労働組合は一四日、第二次回答。賃上げ二万八七四四円・三五・四％、夏季一時金三〇万円である。組合は納得せずストを構えた。会社はギリギリの回答を出したつもりだったからカチンときて、争議協定を破棄した。組合の待機場所を提供せず、風呂場を開けず、食堂は開けるが個人負担とするなど。さらに団交に応じられないとした。一八日、会社がパンフレット「社員に訴える」を配布、今度は組合がカチンとくる。すったもんだ繰り返して二一日、ホテル労連第五次統一行動二四時間スト突入。春闘は五月に雪崩れ込んで一一日、ようやく妥結に至った。

ホテルの交渉もこじれたが、列車食堂も容易ならざる事態になった。列車食堂支部はホテル支部との同一条件を求めている。これ、列車食堂分離以来、活動の原点である。金沢辰次郎社長が、異常な悪性インフレは労使ともに被害者であり、今期は実質赤字になると、厳しい姿勢を崩さない。指名スト、ワッペン着用、ビラ入れ、腕章着用と戦術拡大するが、納得できる回答が出されない。四月二一日、四時間スト。こう着状態である。五月一二日、第五回団交で、最終回答として賃上げ二万六五九二円・一時金二・四一カ月二三万五〇〇〇円などが出された。

支部は、一時金二・七四カ月をめざして闘う方針を決めた。一四日八時から全面六時間ストを構えて、朝四時半から団交を開始したが、まとまらない。結局、一時金は二四万円、五〇〇〇円積み上げたが、ホテル支部と六万円の差がついた。それに対して抗議ストを打って決着した。七四年春闘では、ホテル、列車食堂の労使ともに、着地時点でお互いが相手の本音を十分に読み切れなかった。労使がスト慣れにはまると、団体交渉に本腰が入らなくなる。労使関係が悪化する原因にもなる。その意味で列車支部が、ストで抗議して一気に集約したのはよろしい判断であった。

一九七四年春闘は歴史上最高の賃上げであった。しかし、三〇％超という賃上げ率ながら、まさに価格調整なのであって、直後は二％程度の実質賃上げであったが、直ぐにまたインフレに吸収されてしまった。残念ながら！

列車食堂の最大の悩みは要員問題であった。漫画のような事件が発生した。会社が、列車乗務員の祝日休暇、休日を買い上げる、という。誰が言いだしたか、社員アルバイトと呼んだ。組合は「労働力を安売りするな」と警鐘乱打、会社に対しては「要員対策になっていない」と追及した。会社は、無理に勧誘していない、希望者があれば受けたい、好ましいとは思わないが、アルバイトしてくれたら嬉しい、とのらりくらり。働く人のモラル・モラールなど考えていないと批判されても仕方がない。組合はがんばって中止させた。コストしか考えない経営はどんな道を辿るだろうか。社員アルバイト事件は人事政策の程度の低さを露呈していた。もし、組合が認めていたならば、「さすが帝国ホテル」の看板が「なあんだ帝国ホテル」の看板に替わったかもしれない。人を大事にするというのは人道主義の問題ではない。企業の存立、企業風土に関わる大事なのである。

七五年三月一〇日、新幹線が東京から博多まで開通した。一〇月二一日、会社は、現在四二クラス編成を、ひかり二八クラス・こだま一四クラスに再編成する、東京駅積み込み部門を下請け化して、積み込み員を乗務員として配転するという提案をした。実施のめどは一二月一日としたい。組合は、年末一時金要求（月例賃金の四・五カ月分、社会保険料三・七要求、深夜・残業割増金五〇％など）と、労働強化反対の反合理化要求を掲げて立ち上がる。

連日連夜の討議

一一月六日、一時金関連スト権九四・四％、ホテル労連への三権委譲八五％、合理化案白紙撤回スト権八〇・三％で確立した。団交で会社は、これでやるしかないと突っぱねる。一一日、一時金回答指定日の団交では、ゼロ回答。組合は一二日から中央闘争委員の無期限指名スト、列車食堂支部闘争委員の一二日・指名スト、統一ワッペン着用など、徐々に闘争体制を固めて交渉に臨んだ。一六日、闘争員会では、二一日・基地部門六時間スト、二四日・基地部門一二時間ストなどを決定して団交に臨んだ。会社は、合理化「一二月一日」実施を前提とするならば有額回答の用意はあると揺さぶる。まず合理化反対の外堀を埋める作戦なのである。組合が簡単に飲めないのは当然だった。

この間、組合員と闘争委員の討議が真剣に連日連夜展開された。女子組合員が涙を流しながら、「悔しいけれども」、「苦しいけれども」、「ここで働いて生きて行こう」と訴えたという話が残る。そうなのだ、「明るい職場・働きやすい職場」は、一つひとつ工夫し改善していくことからしか生まれない。「いま・ここで・いかに」あるべきか、列車食堂支部の職場集会は、単に労働条件改善というお題目ではなく働く哲学の段階に高まっていた。誰かが問題解決してくれるのではない、わたしが、自分の活動によって解決するのだ。これ、間違いなくデモクラットの哲学である。このような考え方が組織を支配するとき、組織は間違いなくエートスをもっている。よく耐えた。ストの直前の二三日、一時金三・三〇二カ月・三〇万五〇〇〇円を引き出し、合理化問題については一二月一五日実施として、さらに団交で煮詰めるという労使合意に達した。

ホテル労連の総評加盟

一九七四年一一月一日、ホテル労連は正式に総評の一員となった。

ホテル労連が総評加盟問題を提起したのは一九六八年、六年越しで実現した。

総評は敗戦後のドサクサに誕生したが、ポツダム組合の牽引車として、社会的に弱い立場の人々のために活動してきた。いま、総評は存在しないが、その視点は、①政府・資本から独立し、常に働く者の権利と暮らしを守り、社会的地位の向上を徹底して追求する。②労働運動の活性化は、底辺労働者の怒りの結集が鍵であり、中小・未組織労働者の組織化に全力を上げる。オルグを全国に三四〇人配置。③組織の如何を問わず、被抑圧者・社会的弱者の駆け込み寺になる。④反戦・平和の旗を高く掲げて闘う。

いまの感覚では、どんな印象をもたれるだろうか。ホテル労連が総評加盟を決定した当時の帝国ホテル労働組合は、ほぼ全面的に共感していたのである。しかし、総評労働運動のリーダーシップが次第に力を失っていく。わが組合の主流は企業別組織である。ナショナルセンターの力は、傘下の産業別組合の力に依拠する。産別の力は個別組合の力に依拠する。個別組合の力は組合を作っている組合員一人ひとりの力に依存するしかない。では、組合員の力はどうか。賃上げもまた、改善されるにしたがって、かつてのような怒りにまで燃え上がらない。そのような状態をなくするために闘ったのだから、賃金に対して格別怒りが燃え上がらないのは必然である。七〇年代以降、人々の意識はずんずん変化していった。大衆意識の変化に対応できなかった。もちろん、総評だけのことではない、当時の組合全体が十分に対応できなかった。ポスト賃金闘争の研究に着手せねばならなかった。

田中角栄退陣後、三木武夫が首相になった。

七五年春闘、一時帰休が五〇〇万人規模に膨れ上がった。生活は苦しさを増した。物価をなんとかせよ、大幅賃上げせよの声が巷に充ち溢れていた。生活防衛がスローガン。物価上昇率二二%程度を見込み、要求は三〇%以上である。日経連は七四年春闘以後、着々経営側の体制を固め、賃上げガイドラインとして一五%以下を打ち出した。春闘共闘委員会の読みは、まあ二七%なら手を打とうという辺りにあった。惰性で見込みが甘かった。労働界内部に、賃金は社会全体のバランスを考えるべきだという社会的整合論と従来の大幅賃上げの考え方が二つあった。もちろん組合員感情では大幅賃上げ路線であるが……要するに、労働界の足並みが乱れていた。そして社会的整合論の中味はあいまいだった。

組合の読みは外れた。賃上げは一万五〇〇〇円程度・一三・一%、日経連のガイドライン以下である。物価が下がりつつあり、経営数字からすれば、やや低いという程度であるが、組合員は頭に血が上っているからガックリきた。額・率共に前年を大きく下回った。組合敗北論は当然、さらに春闘再構築論が登場する。従来、低い鉄鋼回答を踏み台にして、他の単産が積み上げて行く。この春闘では積み上げが奏功しなかった。管理者の賃金カットが広がり、帰休も拡散していた。四～五波のストでは賃金カットで会社に儲けさせるようなものだという理屈もあった。まとまりにくい。

ニクソン声明と石油ショックの関連を認識していた人は少なかった。物価値上がりで生活が苦しくなったという程度である。世界中の価格体系が切り替えられねばならないということを知っていれば、七四年春闘の賃上げは高くも低くもない。ところが、七四年賃上げは大勝利のような錯覚があり、片方には、このままでは日本経済が立ち行かなくなると危機感を抱いた。賃金は社会的整合性を無視してはならないという意見はその流れにあったわけだ。実質賃金プラス・アルファで、アルファとは、福祉（労働時間・物価・税制・年金・医療・住宅・社会保障など）全体として生活水準を引き上げていくと主張した大幹部もいたが、製造業大企業労働組合の運動は国民的福祉を追求するような体質でも体制でもなかった。「お手々つないで」というけれども、悪口を言いながら鉄鋼回答を踏み台にしてきたのが大手組合の現実であって、いずこも自分が踏み台になる覚悟がない。

帝国ホテル労働組合は粘りに粘った。七五年一月以来、学習会、大衆行動、職場要求闘争、ホテル労連統一スト（第一波四月一六日六時間、第二波二三日一二時間スト）で四カ月間にわたる春闘を展開した。賃上げは一万五一六八円・一四・四％であった。春闘全体では、妥結平均一万五二七九円・一三・一％であった。

ある製造業大手組合の若手役員は「賃上げばかりで、なにか違うのではないか。組合は、組合員大衆のニーズに応え、共感をえる努力を本当にしているのか。観念論が先走りしているのではないのか」と疑問を投げかけた。定期大会では、「原点に立ち返ろうじゃないか」「賃金の経済整合性論が出ているが、では、組合の社会的責任とはなんなのか？」「物価高騰で生活が苦しいから賃上げ要求するのである。物価を統御するために、組合はなにができるのか？」などの核心を突いた意見・質問が多数出されたが、歯切れの良い答弁はできなかった。

幹部請負・春闘中心主義の大手組合は、原点回帰して、組合活動の戦略・戦術を再建しなければならない時期にあった。しかし、単組の領域を超えた課題については、産業別段階でやりましょう、労働戦線統一して全体の組合力を高めましょう、という程度である。そして、その後も本腰入れた研究がなされなかったといわざるをえない。

労使対等の階段を一段昇る

帝国ホテル労働組合は、会社側の希薄な労使対等認識と、会社の都合のみを押し出し合理化提案に対峙しつつ、倦まずたゆまず、職場段階からの組合活動を作り上げる努力を繰り返していた。この地道な努力、ひとつ山越えたと思うと、またひとつ山が立ちはだかるのだから、並大抵の話ではなかった。しかし、だからというべきか、他の多くの組合のような敗北感、虚無感がなかった。

その本質は、われわれの生活を支えているのは職場である。職場は生活の一部であり働く場所である。だから、どんな努力をしても働きやすい職場を作らなければならない。企業にとって職場は利益を生み出す重要な場所であるから、もっと多くの利益を生み出そうとして合理化を推進する。もっと利益を生み出す場（機会）があればあっさり職場を捨ててしまう。われわれは簡単に職場を捨てられない。だから自分の職場を必死で守るのだ。だから、辛くとも、苦しくとも、納得できるまで闘い続けなければならない。働く者（労働者）とは、他人が作ったものをいただくのではなくて、自分が作りだしたものを享受するのだという精神である。

ギリシャ神話のシジフォスに似ている。ゼウスに憎まれて、シジフォスは麓から山頂へ大岩を運ばねばならない。山頂まで運ぶと、大岩はまた落される。彼は、それを知っているのだが、ひるまずにまた山を下り、そして山頂へ大岩を運ぶのである。屈服しない精神だ。人間の発達は自然淘汰によるのではない。組織や伝統の変化によるのである。そして、それは各人が、労働の過程で自分自身を作っていくことを抜きにしてはありえない。大きな組合ではないが、知らずしらず、帝国ホテル労働組合は非常に大きな志を抱いて成長しつつあった。

またまた人員削減の話が出た。

七五年九月三日、会社からホテル支部に対して、「少数精鋭主義・高能率賃金の考え方」として提案された。現在定員一五九七名と採用済み新卒一三〇名、合計一七二七名を一四六九名にしたい。低効率部門の改善、無駄な労力を省く、仕事のやり方を変更する、物理的手段による業務効率化を図るなど。「削減は自然減とする」というのだから、ナマクビを飛ばすということではなかったのが救いであった。合わせて、得意のパンフレット「社員に訴える」が全社員に配布された。

九月四日第一回団交、組合は「人員削減・少数精鋭主義・高能率賃金論に反対」の立場を表明した。減員すれば必然的に少数精鋭になるという考え方が取らぬ狸の皮算用である。投資するから収入がある。収入を維持して投資を減らすというのはそもそも理屈に合わない。少数が精鋭化するような投資をして、しかる後に高能率化を達成すれば必然的に収入が増えて、相対的に人員削減効果が出るのであって、話があべこべなのである。なによりも、誰ものんびり働いているわけではない。

組合は、一〇月三日以降、全職場「人員削減の疑問点洗い出し」で対応する。各職場一斉に拡大事務折衝に入り、年明け一月二四日まで交渉を繰り広げた。二月一二日から詳細が明確になった点を踏まえて月末まで団交を重ねた。三月三日、常任委員会で「新定員は一五〇二人」を決定した。

この一連の交渉は職場段階に重点を置いた。組合側は分会・分会連合役員、会社側は担当部・課長である。両者が問題点を洗い出し、最終的協定書締結までの交渉経過を議事録確認した。ある職場では、「企業の責任において今後雇用不安を起こさないこと・欠員は必ず補充すること・今後起こりうる問題は必ず事前協議すること・社員とパート比率を現状以上に拡大しないこと」を協定確認した。

組合が会社の言い分を縮減させたのである。従来「経営権」は絶対会社のものであったが、組合の主張を受け入れた。力対力とか交渉の問題だけではなく、組合が主張した意見に対して責任をもつという側面が発生する。組合が経営に参加することは、組合が経営の責任を分担するということである。組合はまた労使対等の階段を一つ昇った。

七六年春闘要求では、春闘共闘委員会が二〇%、同盟が一五%、ＩＭＦ・ＪＣ（金属労

協日本協議会　傘下産別組合は鉄鋼・電機・自動車・造船）が一三％であった。業績は産業間でも企業間でも小さくなかった。日経連は、賃上げは一桁からゼロとまでと踏み込んだ。国民経済に占める個人消費割合は五二％程度、インフレを抑制して個人消費の盛り上がりを期待するというのが経済復調への鍵であった。

帝国ホテル労働組合ホテル支部は、四月一六日、第二次、第三次回答を相次いで引き出し妥結した。賃上げ一万五三三二円・一二・三七％、夏季一時金三三万円、夏季休暇二日を獲得した。めずらしくストライキなしであった。列車食堂では、ホテル支部妥結の日に定額回答しか出ず、四時間ストに突入、雲行きが怪しかったが四月三〇日、ほぼホテル支部並み回答を獲得して妥結した。

一九七六年五月二一日、帝国ホテル労働組合は創立三〇周年を迎えた。組合三〇年史『窓　大谷石――その光と影と』を制作、八月三〇日、記念パーティ開催に合わせて配布した。脈々と続く元気な組合活動の伝統を伝えている。

八月二九日、第三一回定期大会では「経験を重んじ、経験を乗りこえて、創造性豊かな、新たな運動を前進させていくために、総発言・総学習・総点検運動を活動の中心課題とする」とした。従来の総発言・総学習に総点検を加えた。「モノ取りだけではなく心の豊かさ」を求める運動へ歩み始めた。

9　労使で築く労使対等への途

タワー館の建設計画

一九七七年春闘では、各団体の賃上げ要求が一五％で横一線に揃った。春闘共闘委員会は衆議院予算審議をにらみながら一兆円減税を掲げて国会請願三〇〇〇万名署名を集めた。三月九日、与野党幹事長・書記長会談で、三〇〇〇億円所得税減税、各種年金の改善時期を二カ月繰り上げなど、総額七〇〇〇億円減税に合意し、予算修正が実現した。保革伯仲で減税が実現した。わが国のように保守勢力が強い政治においては、政局不安定のほうが、庶民にとって好都合の政治にしやすい。

減税獲得は注目するべき成果である。ここから先の道のりが険しい。減税要求は、賃上げの対政府版というわけで、組合員が税金問題を勉強したわけではない。賃上げが多いほどよいと思うのも、税金が低いほどよろしいと考えるのも、格別勉強を必要としない。

では、帝国ホテル労働組合はどうだったか。

七七年春闘では鉄鋼相場以上を叩きだす決心だ。鉄鋼回答に先行してやる。ストの構えは、第一波三月三〇日前後から、第四波四月一四日前後までである。幸い、ストライキの出番はなかった。列車食堂、ハイヤー支部も四月一五日には回答を引き出して決着した。世間相場は、賃上げ率で九％前後、賃上げ額で一万二〇〇〇円前後であった。帝国ホテル労働組合は、賃上げ率一一・五％、厚生年金負担割合変更分を加えると一二・五二％であった。

労働界全体でもストライキが際立って減り、交渉重視という言葉が労使間で浸透した。以前は「大幅賃上げ」論であったが、「安定成長」論へ移ったという説が登場した。賃金に社会契約的発想を展開する向きもあった。しかし、第一、政治的課題に関する組合の主体的力量が未熟である。第二、経営側に社会契約的発想があるとは考えられなかった。その状態で賃金に結び付けるならば、結局労働側が賃下げ論を展開するのと等しいという辛辣批判が出たのは無理からぬことだった。

一九七六年、帝国ホテルは社長が原正雄、副社長に犬丸一郎が就任した。

最初の大仕事がタワー館の建設計画であった。東別館を解体して、そこへタワー館を建設する。ホテルが改築・新築するのは必ず人の異動が伴う。新本館建設の体験に学んで今

建設中のタワー館（1980年頃）

回は事前に経営計画を組合に提示してもらい、対策委員会を設置して具体的に取り組む。文字通り経営に参加する。

《東・別館改築に伴う要求書》①改築に伴う諸問題について事前に組合と協議しておこなうこと。②改築に伴い、現在の職場および要員数を縮小・削減しないこと。③新設するレストランについては、和食・中華・洋食を問わず直営として、社員が仕事に当たること。④取り壊しおよび建築中の厚生施設を確保すること。⑤建築後の厚生施設は、整備拡大すること。⑥雇用形態のいかんにかかわらず、取り壊し中、建築中および建築後も出向・希望退職・解雇・職種変更を伴う異動などの労働条件低下を一切おこなわないこと。⑦建築後、現在以上に下請けを増やさないこと。⑧組合事務所は取り壊し中、建築中および建築後も従業員の出退通路に面した場所に確保すること。また、建築後は会議が開催できるように現在規模以上に拡充すること。⑨改築に伴い、列車食堂支部およびハイヤー支部にいかなるしわ寄せもしないこと。膨大な要求を職場の中から作り上げた。

交渉は、七七年秋季年末闘争と並行して進められ、七八年五月一五日、相当きめ細かな点まで労使合意に達した。組合事務所、ロッカー、浴室増設、社員ラウンジ・休憩室、社員食堂、医務室などに関して、内線電話を何本にするとか、鏡を設置するかどうかというようなことまで労使で詰めた。七九年三月三日、ほぼ全面的に組合要求が満たされた。

労使の共有財産

タワーにおける福利厚生施設・組合関係施設に関する労使交渉は七八年九月以降、組合は東別館委員会を中心に精力的に交渉に臨む。タワー館建設計画に対する組合の検討要求項目は、①ピロティ内のティーハウスの営業計画・規模、料理場、洗場の明確化。②営業内容・規模・料理場・洗場の明確化。③ルームサービスについて、基地、料理場を要求する。

④新館にバーを作ること要求するなどから始まり、四〇項目を超える。実に細かいところまで組合独自で研究したことがわかる。たとえば、エキストラベッドの格納庫、客室作業の流れ、冷蔵庫・冷凍庫の増設、協力業者の福利厚生施設にも及んだ。

会社案を組合がチェックするが、これは会社として非常に好都合になったはずだ。ともすれば「容器」作りが優先して、実際の作業の検討が抜けてしまい、使いにくい苦情が発生するからだ。建物や機械・装置は製作すればお仕舞なのではない。使い込むことによって成長する。単に労使関係的な視界だけではなく、建物、機械・装置もまた成長させるという先進的な理論を実践したことになる。

計画をめぐる交渉は八三年三月、タワー館オープンの直前まで続けられた。建設予定変更がしばしば発生し、建設を一時中断して設計変更する事態もあった。建設を請け負っていた某建設会社の人々が「こんなに変更が多く、工事中断させられるのは初めてだ」と悲鳴を上げげた。なにしろ帝国ホテルには、ライト譲りの納得ずくでやる気風、建築は「完一」という精神が脈々受け継がれていた。

一つの目的をめぐって労使がおおいに論議を重ねたことは、帝国ホテルの労使関係にとって、見えないけれども極めて大きな共有財産を築いた。間違いなく労使対等への道が進んだのである。

引き継がれるホテル・パーソンとしての姿勢

七八年、会社は七九年二月の基準要員を現在の一五〇二名から自然減による一三六三名にしたいと申し入れた。減員と増収・サービス向上を同時達成したいという。投下資本を減らし増収を図るのは手品みたいである。サービス向上を担うのは組合員である。直ちに労働強化であると反駁しなくても、いったい「なにを」「いかに」向上させるのか。多額の借入金を抱え、タワー館建設に挑んでいるのだから、気持ちが理解できないわけではない。しかし、仮に会社がいう数字を飲んだとしても、サービス向上についてはなんら具体策がないから、結局は一時しのぎの帳尻合わせに過ぎない。

七月から翌七九年六月二日まで、組合は全職場での取り組みと会社交渉を積み重ねた。レストランでは、サービスの質の低下を防ぐためにはどうするか。いまよりよくする工夫をするしかない。「技術・知識の習得」をいかに強化するべきかという視点を立てて交渉した。調理部でも、「仕事に対する創意工夫」のあり方や「一流のコックをめざす」料理の勉強をどう進めるかを提案した。

組合の方針は、六九年春闘以来、人間性回復を掲げてきた。①賃金・労働条件向上から始まって、②ものの言える職場環境・仲間作りと展開してきた。③今度は、ただ要求された仕事をこなすだけではなく、「いかに働くべきか」「いかなる職場にしたいのか」「納得できる仕事」を考え、主体的に仕事に関わろうじゃないかという考え方だ。

管理社会化が深化する企業社会にあって、働く者自身が、まず自分自身の仕事を直視し、納得ずくで働く。その全体が仕事集団としての仕事力であり、サービスであり、収益につながるのだ。第一章のホテル・パーソンの仕事に対する構え方は、すでにこの時代に組合として取り組まれていたことがわかる。仕事・要員の見直し結果をみると、会社が減員提案したにもかかわらず、逆に増員されている。ストライキで獲得したことよりももっと大きい価値がある。具体的な事実で労使合意したからだ。

また、会社は当初の目論みが外れたのではない。サービスの向上という抽象的な大課題を組合員一人ひとりが真剣に考えたのであるから、半端なコンサルタントによる教育訓練とは比較にならないモラル・モラールアップを引き出した。そして、なによりもの大事は、意見Aと意見Bから、段階アップしたCという解が求められた交渉だったのである。六九決起から一〇年、組合と組合員は間違いなく成長した。そして、労使関係もまた成長したというべきであった。

列車食堂支部でも同様だった。七八年一月二三日、会社は「損失改善のために利益の少ない職場の縮小、要員削減」を実施したいと提案した。労使交渉は、メニューの点数、定食化、車内販売促進方法、作業内容の省力化など多岐細部にわたっておこなわれた。その際、博多駅構内のレストラン廃止、埼玉県にある百貨店にレストランを開設するなど協議し、組合として経営問題への参画が進んだ。要員問題はもはや「頭数」問題ではなくなった。

親身の活動

この頃、サラリーマン金融（サラ金）・街金、消費者金融が世間を騒がせた。帝国ホテルでも、一時期はかなりの組合員がサラ金のお世話になっていた。サラ金業者にすれば帝国ホテルの金看板があるから「よいお客さん」である。利息が雪だるまのごとくに膨れ上がり、一店では間に合わず返済のために次の一店を開拓する、また次の……見えぬ鎖にガンジガラメになってしまう。えらいことであった。

これはほってはおけない。職場からの情報を聞いて組合はサラ金対策委員会を立ち上げた。

対策委員会の特別委員長に副委員長が就任、福利厚生担当の執行委員、常任委員が対策委員として獅子奮迅の活躍をするのである。取り組んだのは、数万円から一〇〇〇万円超の大型まで。一年間一〇〇件近くに上ったという。一週間一~二件である。問題の深刻さ、サラ金地獄から救い上げるのだから、まさに地獄に仏の活動だった。対策は容易でない。本人がはじめから借金内容を洗いざらい告白してくれない。切羽詰っても踏ん切りがつかない。「憎まれても」大声を出し、ビシビシ問いただしたりもした。世間に数多組合があるが、ここまで親身の活動をした組合は決定的に少ない。組合の結束の質が高くなければできる話ではない。当時の対策委員会の活動が語り継がれるのも帝国ホテル労働組合らしさの象徴の一つである。さすが帝国ホテル労働組合なのであった。

10 個人が変わる、組合が変わる

文化闘争という問題提起

七〇年代後半、組合運動に興味深い変化が発生した。「参加」という言葉があちらでもこちらでも聞かれる。労働者の生活を守り向上させるべく、組合は戦略を賃上げに、戦術を春闘として展開してきた。いわば「賃上げ＝春闘＝組合」活動の公式が定着したが、飢餓賃金は過去のことであり、「上を見ればきりがない」というような意識が主流になっていた。組合（執行部）は極めて多忙だ。年がら年中、主要闘争がある。経営問題・福祉問題を巡る労使協議、組合員へのサービス活動、各種の選挙にも手間と時間が大きい。組合員教育、レクリエーションなども目白押し。立ち止まって考える余裕がない。これ、同情を禁じ得ないが、なんとしても組合員の組合離れを深刻に受け止めるべきだった。

役員同士が「組合員の無関心は困ったもんだ」とため息をつき、「意識が多様化しているからね」でお仕舞のような会話だ。そもそも百人百様だから、意識の多様化は前提だ。ところが、活動家諸氏は、飢餓賃金時代の賃上げ全盛、「団結」の幻想を抱いているから出口が見つからない。たまたま多数のニーズが一致したから団結が発生したことを見落としていた。オツムの切り替えは難しい。

七六年、帝国ホテル労働組合は、「モノ取りばかりではなく心の豊かさ＝モノから心へ」を求める運動に歩み始めた。大衆研修会で「文化闘争とは何か」を掲げた。ただし「モノから心へ」と提起したら、「モノが獲られなくなったから辛抱せよというのか」と反論が飛んでくるのでもあった。文化闘争は大きな問題提起である。七七年夏から、佐々木吉郎委員長を継いで委員長になった澤田浩が投手、書記長・惣田一生が捕手なのだが、文化球を受け止めるために捕手はおおいに苦労した。

文化闘争を提唱した背景を、澤田は「六九決起以来、常に組合は闘争の繰り返しで、職場の雰囲気がぎすぎすしてきた。自分自身、もっと「当たり前の生活」をしたいという気持ちに駆り立てられた」と語る。当たり前という言葉は一筋縄ではいかない。平時からすれば戦争は異常であるが、開戦すれば戦争が当たり前だ。封建社会が、なんで数百年も続いたのかと疑問をいだくが、その中に生まれ、日々を過ごせば当たり前だ。当たり前Aから当たり前Bへの転換はおおごとである。

組合が闘ってきたのはメシの問題に尽きる。いわば文化はメシだった。腹が減っている人に文学書を差し上げても喜ばれない。さりとて食べ物だけでは精神の飢餓を埋められない。ある大組合では運動方針の審議に際し、「文化・体育活動を活発にしようとあるが、では文化とはなにか？」と問われて、書記長が「文化とは体育以外のすべてである」と珍答弁して丸く収まるような事情だ。文化鍋、文化住宅なんてものもあった。ごった煮的文化事情をすっきりさせねばならない。

帝国ホテル労働組合の諸氏は真面目である。あれこれの資料を読み検討した。**文化とは、**

人間が学習によって、社会から習得した生活の仕方の総称。衣・食・住をはじめ、技術・学問・芸術・道徳・宗教・政治など、物心両面にわたる生活形成の様式と内容を含むという出発点。人間が、自然に手を加えて形成してきたのが物心両面の成果としての文化文明である。大昔から人間はひたひた学び、試行錯誤を繰り返して文化文明を作ってきた。これ、カルチャー（culture　耕す）としての文化論だ。ならば人間の社会的営みはすべて文化という概念に包まれる。

自主性・連帯性・創造性

文化をカルチャーとして把握すれば、経済闘争も政治闘争も文化闘争である。経済も政治もすべては文化である。文化とは、個人についていえば生き方である。組織についていえば、組織を構成する個人の生き方の総和であり、それが現在進行中の組織文化＝組織風土である。

個別にみれば組合員は、広い家がほしい、家族そろって旅行したい、カラーテレビがもう一台ほしい、子どもを大学までやりたい、などの要求をもっている。全体としての文化は、一人ひとりの要求、あるいは期待や価値観によって作られている。そこから、組合は現状を変えてきたし、これからも変えていく運動体なのだから、労働者が自主的に・連帯して・新しい生活を創造していく。すなわち、①自分の考え方・力で物事をおこなっていく＝自主性。②お互いがお互いのために一緒に、責任をもち、考えを出しあい、納得ずくで、妥協して物事をおこなう＝連帯性。③過去をそのまま延長するのでなく、新しいものを作り出していく＝創造性。この三視点が文化闘争の基本的な特徴であり、これを身につけることが目標だと結論した。

文化闘争の大事なところは、第一、なによりも組合員一人ひとりの価値観に基づかねばならないという気づき。民主主義は、個人の多様な価値観が出発点だ。第二、組合（機関）は、組合員を牽引してきたが、本当にそれでいいのか、機関中心から組合員中心へ、組織の原理から個人の原理への転換だ。第三、状況・環境は主体（組合員）が自主的に変えていくものだ。不都合な状況・環境を意識して変える。不都合と対決していくこと、それこそがカルチャーとしての文化なのだ。エートスはここから生まれて育つのである。かつて篠田成夫組合長が指摘したことが登場している。

状況を変えるためには、主体（自分）が、まず変わらねばならない。個人が変わる→組合が変わるのである。文化闘争で組合を変えるという目論みは論理的に正しい。第一章インタビューに登場するみなさんの発言を思い起こしてほしい。一人ひとりの発言に、「自主・連帯・創造」がなんとたくさん見られることか。大いに苦心した甲斐あって、文化闘争の水脈は、いま三五年過ぎても絶えていない。

『ユニティ』創刊

組合といえば機関紙・誌がつきものだが、この活動を継続するのはなかなかの骨折りである。一九五六年、『あゆみ』（機関誌）が創刊されたがしばらくして途絶えた。

一九八〇年夏以降、文化闘争推進委員会、その下に分科会を設置した。まずは得意の二〇〇〇人総発言・総学習・総点検。そこから婦人集会をもとうという話になる。第一回婦人集会が開催された。仕事の見直し、職場環境改善などで発言・対話が繰り返された。機関誌『ユニティ』（一致・統一）を創刊した。以降、年三回のペースで発行が続けられる。組合員各人の文化的状況・主張が多い。活動家のご高説に傾かないようにした。他組合の機関紙・誌と比較すればだいぶ雰囲気が異なる。

『ユニティ』創刊号は一九八〇年一一月一日。「私の生活設計」と題したページには、「仕事は生きる手段だが、ただ働くのみではない。自分の人生を鍛える」、「やりがいある

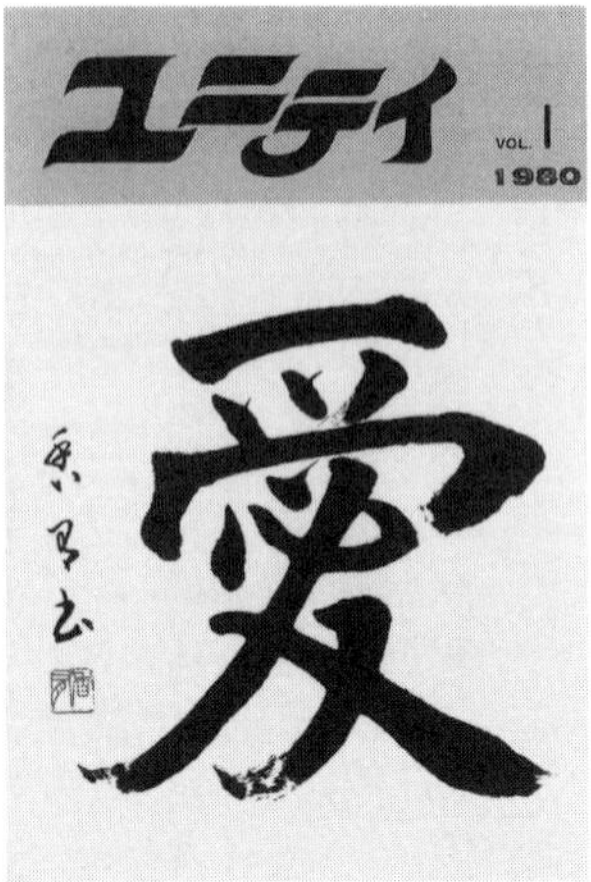

『ユニティ』（創刊号、1980年）

『あゆみ』（２号、1956年）

人生にしたい」」、現実は「心のゆとりがない」などの組合員のコラムが並ぶ。鉄道オタク、映画のクラシック音楽、東北旅行など趣味の披歴、組合行事としては、バスツアー・婦人集会・ゴルフ大会・ハゼ釣り大会・野球大会・キャンプ集会・ソフトボール大会など。

いくつかの号から興味を引いたものを並べる。漢文を漫訳する人（これは創作力・ユーモア力が必要である）、スキンダイビング、サーフィン、ジョギング、マラソン、カラオケ、ハードロック、コーラスラインをブロードウェイで七回鑑賞した、囲碁、将棋、釣り、酒……結構「マニア」が多い。「マニア」が多い集団・組織は活力がある。単に群れない、画一化していないからである。コラムでは

「なにを求めて生きるのか」、「ゆとりがほしい」、「テレビなんか消えてなくなれ」、「豊かさの質を問い直す」、「遊び心」、「仕事に生きがいが持てたならどんなにいいか」など。「モノから心へ」というコピーは当たっている。

学習活動も活発だ。執行委員・常任委員・大衆学習会など学習会が月二回程度開催された。総点検活動は職場段階で定着していく。執行部は「もっと《生活の質》を見直そう」と提案した。賃金・一時金が上がり、余暇時間が増えても、自分の生活の質の向上に生かしているだろうか。税金・社会保険の勉強もした。会社内の活動だけでは限界がある。もっと広く社会に目を向けようじゃないかと呼びかけた。中流意識が九〇%といわれた。しかし、よくよく見れば豊かさ・ゆとりが感じられない！　会社、産業、経済・政治、地域社会などについて取り組まねばならない課題が多い。考えないのはプライドが許さない。ただし、とりあえず学習には着手できるが、運動につなぐのは容易ではない。

わたしの幸福とはなにか

八三年、定期大会の分散会では、職場集会はイメージが暗い・時間が長い・専門用語が多い、報告集会になっている。組合役員はなにをしているのかわからない、もっと職場に密着せよ。組合費が高い、どう使われているのか。ストも打たないのになぜカネが必要なのか。世間相場で妥結するなら闘争資金は不要だ、などの意見が出された。タイムラグというべきか、取り組む方向が違っているのか。

そこで八四年八月の定期大会では、文化闘争・生活の見直し・産業別統一闘争の強化を掲げつつ、「私たちは、もう一度、一から出直します」という言葉を打ち出した。組合の運動方針は、賃金闘争以外に、①労働諸条件問題　定年制・再雇用、退職金、労働時間、福利厚生など。②パート、下請けなどの労働諸条件と組織化。③会社のあり方　再建（列車食堂、ハイヤーなど）、営業方針、仕事のやり方、要員問題など。とくに、職場交渉をもっときめ細かく活発に。職場集会を工夫する。議長団は職場の執行部並みの力を、分会連合は組合並みに力を高めるなどに論議がまとめられた。執行部の権限を職場に委譲する方向である。ストライキが当然ではなくなったから、闘争資金を五年めどに暫時なくしていくことも決めた。

八五年第四〇回定期大会で「文化闘争PART2」を打ち出す。

執行部は考える。「カネは多ければ多いほどよい、休みもないよりあったほうがいいという程度では本当に強い要求はできない」。組合員の要求が希薄化したから文化闘争に活路を見出そうとしたけれども、相変わらずというべきか、ますますというべきか、組合員の要求なるものが、執行部からみて手応えがない。みんなで「なになに」をやろうという強い合意が形成されない。このままではダメだ。執行部は焦りを感じた。

どこかに手違いがあるのではないか。「自主性・連帯性・創造性」のうち、もっとも基盤になる自主性が明確に出てこないわけだ。自主性とは、要するに組合員一人ひとりが「こうしたい」「ああしたい」と明確に意思表示することである。組合運動が活力減退したから、もう一度組合員の声を真剣真摯に聞くところからはじめたはずなのだが、組合員の確かな意思表示がない。誰でも目の前の「得か損か」には直ぐ反応するが、「将来、自分たちにとって大切な財産になると頭でわかっても何もしない」。「カネには目の色を変える組合員が多い」のは事実だが目の色を変えてまで連帯してやろうという盛り上がりがない。すでに賃金闘争のリニューアルでは間に合わなくなっている。

一人ひとりの心の持ち方を組合が押し付けることはできない。「モノから心へ」の活動は手間と時間が必要だ。さらに付言すれば、わが国の民主主義の弱さは、この一人ひとりの主体性が弱いことと関係するのではなかろうか。モノ取りの文化、抵抗闘争の文化を乗り越えようとしたのであるが、依然として新しい文化を生み出せていない。産みの苦しみである。これ、いまの組合が悩んでいる問題と同じなのである。当時から三五年引きずってきたのではあるまいか。

帝国ホテル労働組合では、「仕事・生活・語らい」と銘打って、仲間同士の話し合いの場を作った。いわく、日常生活のなかでの常識を疑おうじゃないか。常識を変えて行こうじゃないか。そこから完全週休二日制実現を中心とした労働時間短縮を掲げた。文化闘争開始以来、各種文化・スポーツ行事を大々的に展開してきたが、どうも迫力がない。

なぜだろうか。人間は楽しみ＝気晴らしを必要とする。もし、気晴らしがなかったら、いかに余暇が潤沢にあっても退屈で耐えられないだろう。だから楽しみ・気晴らしを求めてうろちょろする。しかし、気晴らしは所詮気晴らしに過ぎない。理屈をいえば、もし、満足のいく幸福な状態にあるとすれば、わざわざ気晴らしを求めて時間とおカネを使うことはない。楽しみが、せいぜい気晴らしなのであれば、それは、本当の幸福ではないからであって、猫が「猫じゃらし」で遊んでいるのと等しい。わたしの幸福とはなんだ？

食えないから懸命に賃上げをやってきた。そこそこになった。しかし、そこそこにひたすら合わせて生活しているのであれば、幸福ではない。これが「生活の質」に注目した大きな理由である。

八六年、組合結成四〇周年記念事業で、和歌山県田辺市、田辺湾の天神崎ナショナルトラスト運動「天神崎の自然を大切にする会」の支援参加に立ち上がった。運動の法人化のための出資と、土地買い取り資金カンパを展開した。天神崎は、格別に希少生物が多くはないが、自然観察する好適地である。希少価値がなければ保護する価値がないのではない。沖縄の稀少な海を埋め立てる騒動が起こっているが、身近な自然を大切にしない人たちは希少価値も理解できない。常識を疑い、常識を変えて行こうじゃないかという考え方にふさわしい事業であった。

西ドイツＤＧＢ

八六年、澤田浩委員長は総評労働事情調査団のメンバーとして、西ドイツ・フランス・イタリアなどを回った。カルチャーショックを受けた。その前年、ホテル労連は、完全週休二日・年間総労働時間一八〇〇時間の時短目標を掲げていた。

西ドイツＤＧＢ（独労働総同盟）は六二年から週休二日制の導入に取り組み、地域の生活環境改善（校区ごとにプール・遊園地・公園など整備）を二五年にわたって取り組んでいた。ドイツ人は生活を大事にする。自分の時間を活用して、家族との生活を、趣味を思い切り楽しむ。国会議員の半数がＤＧＢの出身者で、ＤＧＢは労使関係のみならず、政治・経済・社会のあらゆる分野で活動を担っていた。

共同決定法（一九五一年制定）があり、労使対等に理解が薄い日本の経営者とは違う。「人は生きるために働くのであって、働くために生きるのではない」という気風が強い。これをＤＧＢは「時間主権」と表現した。単に労働時間の短縮や配分を意味しない。人生は、時間である。基本的人権をいうのであれば、基本的時間権だというのである。いかに生きるべきかの視点が確保されねばならない。フレックスタイムにも取り組んでいた。（自分の）「時間を支えることができるか」というわけだ。

全労働者として労働市場の統制を進めている。ワークシェアリングと雇用対策、パート労働者のための労働時間法制（最低賃金制度も）に取り組んでいる。非フルタイム労働者の権利保障のための労働協約拡張に取り組む。西ドイツでは、外国人労働者の法律による保護に取り組んでいる。西ドイツは人口六〇〇〇万人、労働人口二七〇〇万人、うち二〇〇万人が外国人労働者であった。全欧州的に、短時間労働者が増加する傾向にある。労働市場が混乱し、労働者の不都合が発生する危惧がある。だから雇用形態がどうあろうとも、全労働者としての視点を確立して対応する考え方である。

わが国では、仕事をする本人の時間意識のルーズさと、時間管理意識・体制のルーズさが問題になるような事情だ。時間の思想が形成されていない。いかに制度をいじくっても、運用が真っ当に進まない。欧州の人々の意識と行動は、後進国ニッポン！　を映し出した。澤田の報告は、時間の観念の大転換を求めるものだった。

企業内労働市場の統制として、パートタイマーの組織化に乗り出す。勤務シフト、残業時間実態調査を全職場で実施。週休二日制の勤務シフトをみんなで研究した。要員協定の対会社協議も進めた。労使ともに大きな学習効果を生んだに違いない。その成果が出た。八七年一一月三〇日、完全週休二日制実施の回答を獲得した。「一九九〇年六月一六日より完全週休二日制を実施する。その前提として、①営業時間・規模の縮小・変更はおこなわない。②サービスの低下をきたさない。③社員増・人員増をきたさない。上記三項目については八八年五月、労使で詰める。実施に当たっての要員の調整、条件整備は八九年七月までに決着したい」。

完全週休二日制の実施に伴い、八八年秋、会社は「現行社員一七一六人を据え置き、パートタイマーを中心に業務委託・配膳人・マネキン・業務の一部外注化を増加する方法でおこないたい」と提案した。日本全体では、すでに女子パートタイマーは八〇〇万人を超え、雇用者全体の一六%を占めていた。組合もパートタイマー対策プロジェクトでいろいろ研究を進めていた。宝塚ホテル労働組合は、当初パートタイマーだけの組合を作ったが、七八年には二つの組合を統一していた。

帝国ホテル労働組合は、従来型のパートタイマーではなく、一般社員に近い働き方(週三〇時間労働)の雇用形態を導入してはどうかと提案した。契約社員として発足するのである。また契約社員の組合加入についてオープンショップを採用することで労使合意した。かくして八八年一一月一四日、完全週休二日制について労使が最終合意に達した。

11 労使共同宣言と労働協約協定

「国際的ベストホテル」を合言葉に

一九九〇年一一月二日九時三〇分、帝国ホテル「労使共同宣言」が締結された。一〇時から、帝国ホテル開業一〇〇周年記念祝賀式・労使共同宣言発表レセプションが挙行された。組合結成以来四四年、おおぐくりにいえば労使対等に向っての闘いが結実したのである。八月二二日の第四五回定期大会議案書の見出しには、「いいんじゃない もう つっぱらなくても」と書かれた。

澤田が「もっと当たり前の生活をしたい」と思ってから一四年、橋の下をたくさんの水が流れた。低賃金克服のためのモノ取り闘争、権利闘争、反合理化闘争を、組合員による総発言・総学習・総点検を基盤に取り組み、さらに文化闘争に展開してきた。取ったり、取り損ねたり、抵抗したり……全ては「人間らしく働ける職場」をめざしたのである。もちろん、終わりはないが、みなさんは万感の思いがよぎったであろう。組合員は、組合と会社と両方に帰属している。労使対立の時期は、各人のオツムにも対立が発生する。組織としての組合と会社が共同宣言したことによって、各人の頭のなかでも、対立が止揚され、新しい高みに上った。労使がお互いに相手を認めつつ、緊張感をもって新たな労使関係へ向かおう。

合言葉は、国際的ベストホテルをめざす。そのために、人間尊重の精神と協調を基盤として、働く人々の生活の豊かさと安定、企業の社会的責任を共通の課題として、労使対等を銘記して、共同責任を担おうというのである。その道は遥かである。労使の知恵の絞り合いである。新しい緊張関係の創造である。組合員二三七五名が本当にのびのび生き生き働く職場をめざさねばならない。

「労使共同宣言」発表（1990年11月２日）

大阪進出と列車食堂からの撤退

それに先立つ、三月一六日、取締役会は大阪進出を決めた。六月一六日からは完全週休二日制が開始した。組合は、パートタイマー組織化方針を打ち出した。加入費五〇〇円、月額組合費一律一三〇〇円＋二〇〇円（年間一七カ月）、パートタイマー分会を設置する。役員は、特別常任委員と特別中央委員を置くなどを盛り込んだ。

さて、列車食堂は苦戦を続けていた。一九八七年、国鉄民営化に伴い、受け持ち列車食堂の減少、客の食堂車離れですでに採算がとれなくなった。労使は休みなく角突き合わせてきた。採算に呻吟する経営側と、慢性的要員不足に四苦八苦する組合の関係に終止符を打つ時がきた。九〇年五月一二日、最早これまで、列車食堂からの撤退に関する労使の確認が成立した。方針は決まった。社員の雇用確保、帝国ホテルが一〇〇％出資のアイ・エイチ・エス（九二年三月三一日、ＩＥ　インペリアルエンタープライズに社名変更）を創立。列車食堂事業に替わって、コミュニティ・ホテル、レストラン、給食、人材派遣、フードサプライセンターなどを営業する。

一九九二年三月一三日が列車食堂最後の営業となった。

一方、大阪進出の取り組みが大車輪で展開された。列車食堂閉鎖でめげてはいられない。口には出さずとも、労使ともにリベンジに懸ける。タワー館建設の体験がおおいに役立った。ただし、今回は三菱地所と三菱マテリアル所有の建物だから、タワー館のように工事をストップさせられない。会社の事業拡大にかける意気込みもわかる。会社の大阪プロジェクト（建物関係）にホテル支部副委員長が入り、（労使）大阪委員会の傘下に小委員会を設置、自由闊達に情報交換・意見交換を繰り返した。組合からは、本部副委員長はじめ四人が参加した。

組合は、ホテル開業前に組合の大阪支部を設置した。ここでエリア社員制度を作った。

二カ月契約のパートタイマーでは戦力として安定しない、そこで生み出したのがエリア社員である。年収を社員の九〇%とした。そして最大の眼目は全員組合員である。執行部は、九六年二月からは、せっせと新規採用の人々とお付き合いして組織作りに励んだ。苦心の甲斐あって組合も順調に出発した。

九六年三月一五日、帝国ホテル大阪が開業した。東京から七〇名がヘルプに入った。開業大盛況はめでたかったが、てんてこまいの大騒動で、「燃え尽き症候群」みたいなものがあった。八月の組合第五一回定期大会には大阪支部三役と常任委員一二名が晴々した表情で参加した。

二三年ぶりの労働協約締結

帝国ホテル労使が、労働協約を締結したのは一九九五年四月一日である。

組合創立時には労働協約を締結していたが、七二年以来、いわゆる「無協約」状態が続いていた。なぜだろうか。労働協約は労使の憲法である。労働協約は大きくわけて二側面がある。一つは債務条項、もう一つは規範条項である。前者は労使がお互いに立場を規定し律するもので、まさに憲法中の憲法という部分。後者は、双方が確認した労働条件である。労働条件に関してはその都度内容を確認して締結してきたのである。

しかし、前者については、労使双方が考える「相手の像」が容易に合致していなかったから、しばしば発生した争議の原因であり結果であった。あえていえば、労使ともにお互いを理解するまでに長い時間を必要としたのである。力には力で、という事態であったから、職場での交渉はなにかともめやすかった。極端にいえば、常時、組合は争議行為にあったことになる。その状態では正常な労働協約が締結できなかった。

締結した労働協約では、ユニオンショップが結ばれた。正社員は組合員である。たとえば、会社は組合を除名された者を社員として雇用できない（そのような場合、もちろん労使協議は行うが）。会社は新規採用や人事異動について事前に組合に説明するから、問題があれば労使協議する。これらは、労使関係が安定しているときは格別問題にならないが、一朝事あるときはさまざま問題を生むのである。

つまり、労働協約が締結されたことは労使共同宣言の法律的側面であり、労使対等を労使双方が認め合ったという大きな意義をもっている。労使共に、ここまで闘い、傷つき、学んできたわけだ。

わが国の組合は戦後、職場・企業・産業の民主化を掲げて出発した。職場や企業の民主化というのは、簡単にいえば、働く人がのびのび生き生き働けるのである。しかし、個人にせよ、組織にせよ、立場の違いによって、いろんな利害が発生するから常に発生する問題を解決していかねばならない。問題があっても、まあまあ、なあなあで済ませるのは解決ではない。後々の大問題をはらんでいる。だから、労使それぞれが納得できるまでやりあったことが、偉大な財産を生んだと考えねばならない。

こんなわけで、折々に日本国憲法と労働協約をぜひ繙いていただきたい。

12　労使で知恵を絞り抜く――バブル崩壊

深刻な「企業」離れ

一九九〇年代半ばになると、バブルが崩壊して日本全国に沈滞ムードが漂う。従業員の企業離れが進行した。まず、リストラクチャリングならぬ人員削減が当然のごとくに拡散した。にもかかわらず奇妙にも赤旗林立して大騒動という話はほとんどなかった。人員削減が円滑に！　進んだこと自体が企業離れの最たるものである。企業からすれば労働者を去らせたのだが、労働者からすれば去ったのだという印象が極めて強い。人々が本気で企業に愛着を感じていれば、雇用闘争が発生して当然である。八〇年代のバブルはおカネの面だけではなく、人心を荒廃させたと銘記せねばならない。

年功序列批判と、成果主義導入が流行した。しかし、年功序列のゆえにバブル崩壊したのではない。役立たず社員なる不特定多数をさす言葉も登場した。九三年末、某大銀行が採算割れ社員と過剰社員合わせて五五〇万人と発表した。当時の勤め人五二三三万人だから一割ほど余分だというわけだ。調査の信ぴょう性よりも、一割くらい役立たずがいるというのは、そんなものだと思いやすい。しかし、真に役立たずなのであれば、もともと彼らは企業業績に関係しない存在だから、正しくはお役立ち社員が役に立っていないというべきであった。

成果主義で人々をピリッとさせたかったのであろうが、鳴り物入りで騒動した割にはネズミ一匹出ず、後に言いだしっぺ企業が「失敗」を認めるような次第であった。がんばらなければ賃金を減らすと脅しをかけたのであるけれど、残念ながら、すでに賃金が働く人にとって強いインセンティブではなくなっていた。春闘をみればわかるはずだ。すでに世間では、組合員の組合離れがおおいに取り沙汰されていたが、実は、企業離れのほうが深刻であった。組合は生産販売活動をするのではないのだから……。

失われた一〇年、二〇年などと騒動した。もっとも深刻だったのは働く人々の士気低下ではなかろうか。実に二一世紀に入って、いまだ、従業員のモラル・モラールの高い会社を探すのに骨が折れるのである。

サービスの質が保たれた理由

この時期、帝国ホテルも左団扇だったわけではない。帝国ホテル大阪は、開業ご祝儀景気に沸いたけれども、しばらくすると低空飛行状態になって、「大阪を閉めるかもしれない」「別会社にされるのではないか」などの噂が出るほど、相当深刻な状態だった。黒字達成したのは創業一〇年の二〇〇六年である。本家東京も一一〇周年（二〇〇〇年）をめざして必死の舵取りであった。会社は、九八年六月、赤字転落寸前だとして、雇用は確保前提でアウトソーシング、業務委託、組織統合、営業時間変更、パートタイマー拡大などによる人員削減計画を提示した。これは一三回にわたる団交で労使合意に達した。

二〇〇三年春闘では労使が知恵を絞り抜いた。会社は、急激に売上低下しており赤字転落が焦眉の急である。人件費に手をつけざるを得ない。要点は「売上増」「経費減」「人件費減」であった。組合は、年間賃金水準維持、エリア社員の賃金水準改善、仕事の見直し、不払い残業撲滅などを方針とした。二月一七日から、団体交渉一四回、常任委員会一二回、連日の職場集会を展開、ゴールデンウィーク明けに集約した。人件費削減前にやることがあるじゃないか。組合は、東京一六〇項目、大阪五〇項目の問題点を提起した。対して会社はほぼ全面的に問題提起を受け止めた。「働く人あっての利益であって、（経営として）心配りが不足していた」、「ただ、《やる》と言うのではなく経営方針が末端まで届くように確認、担保する」。

さらに労使が煮詰めた内容は、①賞与年間五・三カ月→五カ月、②社会保険料会社七：三（組合員）→六：四、③休日年間一一三日→一一三日であった。これを今後五年間の労働条件（五年間協定）として確認した。業績回復すれば相応に対処する。ホテルの二一世紀プロジェクト（中長期計画）を達成するための辛抱だ。目標のあるがまんだというのが、みんなの気持ちであった。

賃金に関しては、組合は能力給・成果賃金に対して基本的にNOの見解である。どんな仕事、どんなレベルの仕事をしていようと、ホテルはチーム仕事である。賃金インセンティブで働くことになれば帝国ホテルのサービスは劣化するという考え方だ。そして、職場で一人ひとりがおおいに発言できる気風にしなければならない。みんなが職場と仕事をよく知っている。どんなレストランにするのか、何人でどんなサービスをするのか、これが十分に行き届いているから五年間協定も可能であった。

組合の経営参加――職場に民主主義を

この取り組みは派手ではないが、仕事と職場を通して経営に参加していることが示された。納得不十分に労使が妥協したのであれば、今日の組合員の士気の高さはなかったであろう。ただ、儲からないから仕方がないというのではない、跳躍するために力を溜めようという気風が浸透していたのだ。

経営参加という言葉は一九七〇年代におおいに喧伝された。労働者が経営に参加するのである。賃金闘争は、賃金決定を経営側にのみ委ねるのではなく、組合が決定（経営）に参加するのである。賃金決定のみではなく働き方、職場の在り方を、みんなが考えて論じ合うという気風こそが、さらなる経営参加である。欧州では「労働者参加」を掲げた。つまり職場に民主主義を構築しようとする。わが国の組合も職場・企業・産業の民主化を掲げて出発した。帝国ホテル労働組合の活動は、まさに職場の民主主義を実践してきたのである。

この間、組合は「共生」というスローガンを掲げた。委員長・秋山邦男によれば「経営は企業存続を、組合は雇用を守ることを立ち位置として鎬を削ってきた。結果的に有期雇用労働者を拡大して格差社会に手を貸した面があるし、責任がある。正規社員と有期社員（エリア社員）、男女、高年者・若年者の関係などさまざまの問題を抱えている。みんなが納得ずく生きられる社会をめざさねばならない」のである。さらに、企業内だけで解決できない課題が多くなっている。組合は職域中心でやってきたが、もっと大きな構想をもった取り組みをしなければならない、という考え方である。

二〇〇六年、エリア社員の正社員化に向けて取り組みを開始した。しかし、簡単に正社員化が達成できるものでもないので、正社員登用試験の窓口を広げ、組合員と同じように労働協約適用対象とする要求から始めた。〇八年には労使が、エリア社員の労働協約適用を合意できた。〇九年には、組合の方針として「正社員に一本化」することを確認した。一〇年、エリア社員を「期間の定めのない」雇用契約とすることについて労使が基本的に合意。一一年、正社員とエリア社員の年収格差一〇％を八・五％へ圧縮するなどで労使合意を取り付けた。

そして一三年には、人事制度改定合意のなかで、エリア社員を東京社員・大阪社員に名称変更、社員との本給一本化、昇給の上限引き上げなどにより、年収格差をさらになくすることを実現させた。社員との年収格差は八・五％から五％にできた。地味な取り組みであるが、組合内部の意思統一を大切にしながら、戦略目標に対してぶれることなく、着実に前進させたのは特筆大書すべしであった。

13　連帯の鍵を探す

無関心からの脱却

二〇〇七年、第六二回定期大会では、「穂高の美しい景色は一枚一枚の葉が作り上げている」というキャッチコピーを掲げた。組合は一人ひとり、個人によって構成されている。組織は、いわば「虚像」に過ぎない。個人こそが「実像」である。当たり前の指摘だけれど、組合が、「団結！」と叫べば一致結束するような事情にない。かつての活動家が昔の成功体験を捨てきれず、「無関心は困ったもんだ」とお互いに傷口をなめあって、思考停止を起こしていたことに気づいた意義は極めて大きかった。八〇年代の文化闘争も、着眼点は素晴らしかったが、十分な成果を引き出しえなかった。澤田浩から二世代後の世代として組合を引っ張る岡本賢治委員長は、「共生」というスローガンは正しいし、誰も反対しないけれども、なぜ新しい連帯が湧かないのか考えに考えたのである。

虚像でしかない組織を実像として考えている限り突破口が開かないことに気づいたのである。自分の意思を思考の中心において行動しなければならない。虚像でしかない世論のなかで、自分を一人の平均的な市民、勤め人として平然としているのが、日本的アパシー（無関心）じゃないか。アパシーからの脱却を試みなければならない。なるほどわが国はデモクラシーであるけれども、アパシーが支配している限り、人はデモクラットではないから、なまくらデモクラシーでしかないという気づきだ。個人から出発した組織でなければ民主主義が本物にならない。まさにポツダム組合の原点である。個人を原点としなければ「共生」の戦略を前進させられない。秋山邦男時代の提起が一歩前進した。

二〇〇八年春闘は、五年間協定前年に達成した賃金水準を回復する春闘と位置付けた。この日のために目標あるがまんをしてきたのだから、がまんの果実を収穫しようというわけだ。会社の二一世紀プロジェクトは順調に回復している。組合の要求に対して、会社も率直に組合員の五年間の協力に感謝を述べ、三五歳標準者年収水準五五六万円（基本給＋住宅手当＋家族手当）などを中心に満額回答した。賞与は年間五・三カ月、休日は一二三日へ回復、社会保障負担も労使三：七をめざす方向へ戻した。休日を回復するについては、職場段階でみりみりと要員について労使交渉を展開した。

世界における、二〇〇六年末「株式時価総額＋債券発行額＋預金」は一五二兆ドルあった。同時期世界GDPの三・二倍である。うち八〇兆ドルは実質GDPを生まない資産価格だけが上昇している内容である。アメリカが世界中にドルを撒布し続ける構造のなかで、世界は疑いなく金融バブルになっていた。カジノ資本主義という言葉が登場したのは八〇年代後半であるが、まさにいつ金融バブルが弾けても不思議ではない情勢だった。

前年にはアメリカ的ねずみ講もどきのサブプライム・ローンが問題を起こした。そしてついに、〇八年九月半ば、デフォルトを起こしたリーマン・ブラザーズが破綻した。FRB議長・グリーンスパンが「一〇〇年に一度の危機」などと口走る有様であった。世界中が金融の罠にはまった。一一月六日、日経平均が九〇〇〇円台を割った。年末には、〇九年度の日本経済成長率は〇％という政府予測が発表された。

ツケを回さず始末をつける

こんな状況下、九月一一日、帝国ホテルは労働条件引き下げ提案をした。最大の問題は帝国ホテル大阪の経理状況である。開業以来の苦境を乗り越えて〇五、〇六年は黒字を達成していたが、一転、〇七、〇八年は連続赤字の見通ししか立たない。賃貸家賃引き下げ交渉やコスト削減、客室改修見送りなどの工夫をしたが、とてもじゃないが黒字モデルが描けない。東京も大阪も同業他社と比較して高い労働条件にあるので、なんとか協力してもらいたいというわけだ。おりから客室利用率も七〇%台で低迷する。とりわけアメリカからの客が目立って減った。

組合も事情がわからないわけではない。しかし、慢性的要員不足で職場はぎりぎりの働き方を続けている。職場集会を開けば、溜まりにたまった不満・苦情が爆発した。経営戦略から要員問題、さらに帝国ホテル大阪の将来不安などについて続々意見が出された。たとえば、会社は不安ばかり煽る。確固たる経営方針を提示せよ。経費削減の余地は労働条件以外にまだあるはずだ。東京モデルが関西に十分に浸透していない。東京と大阪の格差があるのは許しがたい。社命で東京から大阪へ来ているのに労働条件が下がるのはおかしい。モチベーションをどうしてくれる。売り上げ増の具体的計画を提示せよなど、果ては歴代役員の責任を追及する声も出された。

大阪開業以来、大阪問題に取り組んできた委員長・田上陽一は、組合員の声を受けて経営者に対して「大阪を全社的問題として捉えなければならない」と強く訴えた。

交渉二カ月、組合は一時金減額で現在の苦境を乗り切ることを受け入れた。ポイントは二つあった。黒字モデルへ向かって経営責任を貫徹すること、そして従業員の現場力を活用するために、現場密着の経営をすることであった。もちろん、これはスタートラインであり、仕切り直しに過ぎないのであるが、組合は経営の背水の陣に懸け、経営は必ず従業員の貢献に報いる姿勢を明確にした。組合にすればまことに辛い決断をしたのであるが、経営・労働が一体化して苦境を克服しようという信頼感が固められたのであった。

一〇年二月、組合は組織内部の検証を臨時大会で確認した。執行部の問題意識は、①組合員の考え方・意見を十分に受け止めているか、②組合の活動が組合員にきちんと「見える化」されているか、③組合活動が組合員に理解されているか、④変化の時代に適合しているか、⑤時代の半歩先を歩いているか、などである。思い切って予算削減に着手した。組合活動の前例主義を見直す方針である。ただし、ただ人気がないからといって止めるのではない。なぜ人気が出ないのか、どうすれば好評を博すことが可能なのか。あるいは、他にもっといい事業はないのかをみんなで考えるという姿勢である。そして、組合費徴集を一〇%引き下げた。

このとき掲げたキャッチコピーが「ツケを回さず、始末をつける」である。会社と職場について、当たり前と思っていることが本当に当たり前なのか点検しようというのである。たとえば、①苦情や指摘に対して、とりあえず謝っておいて改善しない、②忙しいときに手抜きする、③残業しているのに記録しない、④なにもしていないのに残業をつける、⑤現場主義といいつつ現場に丸投げする、⑥教育不足の未熟なスタッフによる未熟な商品提供、⑦なんでもやりますと言って部下に押し付ける、⑧部門間で仕事を押し付けしあい、責任を取らない、⑨コスト削減の名のもとに商品の質を低下する、など、身辺の出来事、あり方をみんなで見つめて考えよう。そしてゴーイング・コンサーンたる会社を中途半端にして後世代に回さないようにしようという気持ちである。

人を中心に経営を考える

二〇一一年は帝国ホテル開業一二〇周年。業績は改善の兆しがあり、とくに一五周年の大阪は黒字達成でほっとしたり喜んだりというところであった。

一二〇周年顧客招待パーティが幕を閉じた直後、東日本大震災に見舞われた。全社挙げて避難した宿泊以外の二〇〇〇名超の人々に支援活動をおこなった。宿泊・宴会予約の

大勢の帰宅困難者を収容したロビー

キャンセル、客室の補修など営業に大きな損害が発生した。おりからの春闘交渉は予期せぬ損失で労使ともに困惑したのであるが、年間賃金水準の維持、賃金カーブの維持、定期昇給実施、賞与については回答保留して支給日までに検討することとした。六月に入って賞与についても労使合意した。震災の影響は大きかったが、同時に、労使双方が精いっぱい取り組んだ。

新人事制度について労使が合意したのは、二〇一三年一月一七日である。

労使が人事制度の在り方に関して意見交換を開始したのが〇四年、中断期間があり、再開は〇九年、組合は内部に「あり方委員会」を設置して、組合案を策定し答申した。一〇年から本格的な団体交渉を開始して、一三年に合意に到達した。マラソン交渉であった。新人事制度の骨格は、①役割等級制度、②賃金制度（賃金・退職金）、③評価制度、④ジョブ・ローテーション、⑤社員登用（前述エリア社員→東京・大阪社員として社員との本給一本化など）、⑥専門職制度、⑦役職定年制度、⑧定年後再雇用制度である。

賃金制度は、従来の「年齢給＋職能給」→「年齢給＋役割給」とした。評価の考え方としては、保有能力と（仕事に対する）発揮能力をみる。

理屈の部分はともかくとして、賃金水準は容易に煮詰めにくかったが、双方が歩み寄って合意に達した。また、評価制度の核心は適正な運用がおこなわれるかどうかにあり、運用の要としての面接をさらに充実させる決意を会社が表明した。この一連の交渉は、いわば拡散と収斂を繰り返したのである。単純に双方の主張を足して二で割るのではなく、時間をかけてすり合わせたことが大事な側面であった。

この一〇年間は、感染症問題・アメリカ発金融危機・震災・為替変動など、経営上の難題が多く、とりわけ一時期は外国からのお客さまが三割程度に減った。対策は結局、経費削減・人件費圧縮・休日削減・非正規化ということになりやすいが、職場での技術維持・

伝承に不都合が発生する。これに対して、組合は労働時間短縮・正規社員化、そして職場段階での苦情処理をきちんとおこなうことなどの対策を講じた。苦情処理を円滑に進めるためには常任委員のレベルアップが必須条件であるから研修活動も活発におこなった。いかに職場に組合活動を浸透させるか、常に組合の最大の課題である。

組合がもっとも力を入れているのは「ヒューマンの向上」にある。ヒューマン＝人間力こそがホテルを発展させる鍵だ。はじめに組織ありきではなく、はじめに人ありき。仕事でいえば、仕事に人を合わせるのではなく、人が仕事を作るのである。だから、単に賃金や要員のハード面の手当てのみではなく、人を中心にホテル経営を考えて行こうというのである。製造業では「人に仕事を合わせる＝適職開発」という表現があるが、マニュアルなどに依存するのでなく、目的にふさわしい仕事の最適解を各人が生み出そうという考え方である。第一章でもマニュアル的仕事はダメだという見解が示されていたが、労使ともにそれと同じ課題認識を共有して、企業経営を推進するとき、働く人からいえば経営参加が、会社からいえば全員一致合作の経営ができるのである。

組合の問題認識として、いま、若手・中堅が新たな刺激や挑戦に飢えていて、一種の「閉塞感」があるという。これは、組合が飢餓賃金時代には賃上げ闘争を通じて精神的に充足していたのに、飢餓賃金時代から遠く離れると精神的連帯が見られなくなったという重要な体験から発見した視点である。

不満克服の「活動」ではなく、さらなる高みの満足をめざす「活動」へ労使で進みたいという提案である。AとBがそれぞれのAとBに執着して、横に歩くのではなく、AとBが双方の立場を包含し、さらなる高みのCをめざそうというわけだ。なれあいではなく、上位概念Cをめざして知恵を絞り汗をかくとき本当の労使協調が見えてくる。労使共同宣言が新たな段階へ向かおうとしている。世界はつとに恒常的金融バブルにある。なにが起こっても不思議ではない。それを考えると、帝国ホテルといえども荒海に漂う笹舟みたいなものだ。だからこそ、労使が緊張感を確保した労使協調をめざして歩むしかない。

担う・関わる・参加する

二〇一四年第六九回定期大会で、組合は、創立七〇周年を節目として、これまでの運動の集大成として、新たな基本理念を作ろうと呼びかけた。

すでに組合は「自主・連帯・創造」を掲げて活動してきた。とりわけ最近の二〇年間で浮彫になりつつあるのは、その最も軸となるべき一人ひとりの「自主」の意義である。遡るほど、連帯は組織が呼びかけて牽引した連帯であった。いわば貧しさの連帯であった。貧しさから離れるにしたがって連帯もまた希薄になった。貧しさを克服したことは、一人ひとりの思索や行動の自由が拡大したのである。自由の確保と拡大こそがデモクラシーの最大価値である。にもかかわらず、いたるところ目に映るのはなまくらデモクラシーの姿である。その間隙を突いて、戦後民主主義が自己中心主義を作ったというような反作用的批判が発生する。なるほど、敗戦までは国家主義・全体主義によって人々の自己中心主義が強烈に統御されていた。さりとて、まさか、そこへ戻りたい人はいないだろう。

デモクラシーの基盤は「個人主義」である。絶対に誤解してならないのは、個人主義と自己中心主義はまったく似て非なるものだということである。個人主義とは、一人ひとりが「自分らしく」生きるために、自由が確保されることである。自分らしく自由に生きるというのは、権力によって制限をうけない自由であるが、それだけに止まらない。個性を発揮して生きるのである。個性の発揮は自己中心主義ではない。なぜなら人は社会的存在であって、社会にあって生きるのであって、社会と対立しては生きられない。個性を発揮するとは、自分が、社会にとって有益な存在になることである。

一人ひとりは無限の可能性を秘めているが、いかに偉大な人、巨人であろうとも、一人でなせることは所詮知れている。どんなに素晴らしい発見・発明をしたとしても、他者の力を借りなければ実現できない。だから、個性的に生きようという思いが強い人ほど、連帯を求めるのである。組合とは、個性的に生きようとする人々の力を連帯する仕組みである。組織は虚像だという気づきがあった。なぜ虚像なのだろうか。個人と組織が分かちがたくつながっていないからである。個性的に生きようとする人々が「なにか」を実現するために組合に馳せ参ずるとき、組合は巨大な実像として登場する。運動方針を書いた岩﨑太郎書記長は、それを一人ひとりが「担う・関わる・参加する」と表現した。

かつての栄光、団結の成功体験には「自主」がなかったのではない。たまたま個人と組織がすんなり結びつく条件があったのに過ぎない。いま、時が流れて、個人と組織を見直すべき時期になったのである。

14　新しい労働組合の未来に向かって

第一章でインタビューに応じてくださった、いまの「組合員」像から、また、粗描でしかないが帝国ホテル労働組合七〇年の足跡を踏まえて、未来の「帝国ホテル労働組合」へのささやかな提言を試みたい。

帝国ホテル労働組合の誇らしい気風

仕事に対して極めて印象的であったのは、たとえば、「ホテルが好き、ホテル・パーソンであることに自負を持っている」、「料理が好き、そして料理（自分の作品）を創って提供する」、「仕事を通して社会に貢献している」、「仕事を通じて、誰か人のためになりたい」などであった。ホスピタリティについては、「自分がそうしていることに満足し、納得する」、「無償の行為」、「他人の痛みがわかる」、「求められたときにサッと応ずる（May I help you ? の精神）」などである。

これら全てが、他者「お客さま＝社会」を意識したものである。そして、お客さまとは対等であって、「おカネに頭を下げてはいけない」という誇り高き精神には、心から共感させられる。どなたからも、仕事について、「生活のために嫌々働いている」とか、「賃金は我慢代である（つまり、働かずにすむのであれば働きたくない→苦役論）」というような発言はなかった。別にブラック企業でなくても、世間では苦役論が主流である。これ自体が、すごい発見である。

筆者は仕事について、常々次のような仮説を展開している。いわく、仕事の段階に次の三つを構想する。

①「生活の糧」段階　これを labor　食うために働く、いわゆる苦役的性質。
②「個性発揮」段階　これを work　自分がしたい仕事をしている。
③「社会連帯」段階　これを action　社会性を意識し、社会的存在たることをめざす。

個々人の事情を考えれば、それぞれ意義があるわけだから、単純に上位・下位段階をつけるべきではないが、社会的動物である個人が、社会性を意識して働くことは極めて意義がある。自分のための仕事ではなく、他者・社会のお役に立ちたいというのは、デモクラットとしての個人主義である。

資本主義は放置すれば「自由放任」になる。各人が一所懸命に活動するのは上等である。しかし、その結果が社会生活の不都合な人々を膨大にするならば、社会は解体の道を辿る。経済学に合成の誤謬という言葉があるが、社会においても合成の誤謬がある。自由放任を放置すれば資本主義自体の存立も危惧される。だから、世界の民主主義は「生存権」「社会権」という概念を作り出し、群れの維持・向上を希ってきた。組合は生存権・社会権に取り組んできたはずだ。

健康な社会とは、生きることに不都合な人を大量生産しない社会である。もちろん社会連帯の概念は理想であるが、それを意識できるか否か、それが問題である。歴史を概観すればどう見ても、人間は共生したから今日がある。共生を作り出すのが「連帯」である。だから、みなさんが③「社会連帯」段階を志向しておられることの意義は極めて大きい。わたしの従来の体験からいくと、優良企業で働く人であっても圧倒的に①が多く、次に②であり、③は極めて少ないのが通り相場だからである。

これは帝国ホテル労働組合の誇らしい気風（↓エートス）だといおう。

仕事の価値を人生の価値に

道を追求する、という意識がしばしば見られた。バーテンダー道、調理師道、サービス道など、道はそれぞれであるが、共通して仕事の深奥に向って、勉強し修業しようという姿勢である。さらに次のような考え方が披歴された。自分の仕事を通して、「後進を指導する」、「子どもに教えたい」など。他者に教えたいのは、自分が、いまの仕事の価値について納得し熱中しているからこそだ。仕事の価値を人生の価値であると置くことができるのは素晴らしい。仕事を技術・技能としてでなく、生活の糧のためだけでなく、人生を作っていくための仕事という認識である。

道を追求する志は、その仕事が自分の作品であり、自分が創造するのだという認識と等しい。いうならば芸術家が、自分の作品を通して自分を表現する意識と共通している。自分を表現するためには、自分が仕事を気にいっていなければならない。仕事を気にいっているからこそ、「仕事がわたしで、わたしが仕事」だと自信を持って言えるのであって、「その仕事によって自分の人生を作る」気持ちになるわけだ。

生きがいとは、自分の生き方を愛し続けられることである。自分の生き方と重なっている仕事だという認識があれば必然的に生きがいに到達する。苦役としての仕事からは生きがいに手が届かない。生業としての仕事、それ自体は人生の目的ではない（であろう）。だから多くの場合、人々は仕事の不満を語るのである。一方、仕事に魅力を感ずるならば、話は大きく変わってくる。

ところで、「人生をいかに生きるか」と自問自答してみる、容易に回答が浮かんでこない。普段考えていないからだけではない。そもそも自分が「生まれるべきか、生まれざるべきか」に決着した結果として生きているわけではない。気がつけば生まれていた。現実は歩きながら考えるしかない。いったい自分の存在になにか「意味」があるのだろうか。もし、神（自然の偉大なる力）が、人間を作ったのであって、「これこれをやりなさい」と命じてくれているのであれば話は簡単だが、人間は、自然によって作られたにせよ、何をするべく作られたのかを認識できない。要するに、自分の存在には、前提としての「意味」がない。一応、衣食足りた。腹は減っていないが、オツムがなにやら寒いような気がする。それでは物足りないから、人々は人生について「何らかの」意味＝something が欲しくなる。これが普通、「生きがい」と呼ばれる概念であると思われる。

生きがいは、単純に安楽・快適を求める傾向からは生まれないであろう。環境要因は、改善されればそれだけのことである。生きがいを追求するとなれば一人ひとりの「主体」が問われる。

いかに社会的に生きるか

筆者が属した三菱電機労使中高年問題研究委員会が三〇年少し前に作った「自立人間」という概念がある。

《自立人間の定義》
①自分の見識・主張を確保している――自我……………出発点
②自分の意見・行動に責任を持つ――自己責任
③先見性・計画性・自発性がある――状況への働きかけ
④自分と周囲との調整ができる――社会的に生きる……理想（目標）

煎じ詰めれば、「明確な自己を確保している個人が、いかに社会的に生きるか」ということを意味しているのであって、まさに理想（目標）であって、容易に手が届くような概念ではない。容易に手が届くことではないが、自分の理想として、それを掲げて、精進するためのモラル・モラールとすることは可能である。かつて作った「自立人間」の思いと、いまの組合員のみなさんが、仕事に埋没するのではなく、人生を念頭に置きながら仕事を語られた思いが重なった。「仕事を通して社会とつながっていると確信できる」、「その仕事が、自分にとってやりたい仕事であると確信できる」、このような意識状態にあるとき、人は間違いなく「自立人間」であろう。

しかし、仮にいま「自立人間」的であることが、永久の自立人間を約束するわけではない。森羅万象悉く変化して止まらないのが、われわれが生きている世界である。状況は時々刻々変化して止まらない。人間はパスカルが指摘したように「考える葦」ではあるけれども、不如意な状況変化において、毅然として考える力を確保するのは並大抵の活動ではない。自分のオツムに大きな負担がかかった場合、しんどい問題から逃れる最短距離は「問題があることを忘れる」ことである。同時に、それは自分の主体性を放棄して、理想を見失う結果を招く。以て、「自立人間」から遠ざかるのである。考えなければ単に葦である。「考える葦」たることは、一大事業なのである。

かくして、労働組合の重要な役割の一つに、「自立人間」をめざす人々を支援する、という重要な仕事が浮上する。「自立人間」は社会性を持っているから、「自立人間」が増えることは「連帯」が必然的に拡大・充実するともいえる。

労働組合において、「連帯（意識）がなくなった」というようになって久しい。だから、「自立人間」という概念は極めて大切になってくる。社会は常に変化する。不安は常に存在する。では、どうするか？　状況に合わせて右往左往するのではなく、自分が不都合な状況に働きかけて変えていくという視点、そして対決する姿勢が必要ではなかろうか。そのためには、自分を常に成長させていく努力を惜しんではならない。

個性を磨く

日舞、茶・花道、マラソン、ジャズダンス、旅行、ドラム、チーズ、筋トレ、サックス、釣り、弓馬、ディズニーランド、フットサル、ロードバイク、散策、ジョギング、水泳、カメラ、ゴルフ、サッカー、演劇、手話、バイク、少年野球監督、パソコン、SNS、スノーボード、スキー、ヘビメタ、剣道、ヘリ（免許）、和太鼓、登山、別荘生活、熱帯魚、お遍路、サーフィン、ヨガ、軟式野球……。インタビューした一〇〇人の方々の四一人がそれらしい趣味を挙げられた。少なくと二五％はかなり打ち込んでおられる。個性的である。みんなが同じようなタマネギでは誰がだれかわからない。個性は社会の「きずな」だ。

封建時代の閑雅は士族七％のものだった。ホテル・パーソンは半分近くが閑雅を楽しんでおられる。素晴らしい。一九一九年、ILO第一回総会で資本家代表の武藤山治（鐘紡社長）は、提案された一〇時間労働制に反対して、「小人閑居して不善を為す」なんてことをぶった。二〇〇〇年前のセネカの言葉を教えたかった。いわく、「英知に専念するものが閑雅を有する」。仕事が人格を磨くのは当然であるけれど、閑雅もまた人格陶冶におおいなる貢献をする。しかも、こちらは反対給付（収入）がなく、もっぱら資金と時間を消費するのだから、なおさら効能あらたかなのである。彼女ら、彼らは一様に元気溌剌しておられた。投入エネルギー＝自我（価値観）×時間×資金＝元気なのである。

帝国ホテル労働組合では、七〇年代の文化闘争以来、時間問題に強い関心を持っているけれども、まだ、おおいに前進させたというところまでは到達していない。文化闘争を発展させること、つまり、一人ひとりの自主性を磨き、発揮するという意義において、これからは「時間」に関する知的・行動的な事業分野の開拓が期待されるところである。なぜなら、メシの獲得と正反対の分野だからである。

すでに十分わかっているから蛇足ではあるが、長時間労働は断然なくしていかねばならない。筆者は目下原稿を書くのが仕事で、もっとも好調ならば一日八時間、ざっと一万字。調子がいいから欲張ってさらに書く（残業！）と、翌日はがくんとペースが落ちる。先人たちが発見した八時間労働制は、貴重な体験から生み出されたものだと納得するのである。

人生八〇年、七〇万八〇〇〇時間、六五歳まで働くとして、その後一三万一四〇〇〇時間ある。セネカはまた「長生きしたというが、ただ長く在っただけではないか」と痛烈な言葉を残したけれども、この含蓄はしたたかにオツムを打つのではあるまいか。もちろん、趣味を持とうなどと野暮が言いたいのではない。趣味の達人がおられるならば「無」趣味の達人がおられてもおかしくないのであって、つまりは「日常生活の達人」をめざすと言いたいのである。平凡な日常習慣・無意識の日常生活において、その貴重な（時間の）本質に注目しつつ、無限の自己開発に向かって歩みたいと思う。珍奇なものに刺激されるのではなく、日常のなかに非日常を作っていく。平凡な事実に潜む非凡な事柄を掴みとる生き方こそが閑雅人、風流人、粋人なのではあるまいか。

いま、連帯を呼びかけるには

自己組織性という概念について考えよう。

自己組織性とは、簡単にいえば、「システムの活動自体が、環境変化の有無にかかわらず、自力で自らの構造を変化する」という意味である。これを労働組合組織というシステムに置く。労働組合を作っているみなさんは、すでに見てきたような思考・志向性を持っておられる。みなさんが思索し行動したくなるような提案を、活動として捻り出すことが労働組合の自己組織性である。

いまは空腹ではない。しかし、衣食足りて何かモノ足りない。ひたすら状況に合わせて生活しているに過ぎないのではあるまいか。モノ（自分の思考の対象として、自分が「存在・対象・判断」をするところの）が感じられない。つまり、日々の人生に意味がほしい。

モノ足りない、のモノがはっきりしないのではなかろうか。ということは、実は空虚であり、空白感なのではないか。にもかかわらず人々は、「忙しい、忙しい」という言葉に事寄せて、あるいは世間の騒々しい賑わいに、「われを忘れている」のではあるまいか。

いま、連帯を呼びかけるには言葉が必要だ。労働組合が出発した七〇年前は、あえて言葉を必要としなかったが、いまの空虚・空白を埋めるためには言葉が必要なのだ。言葉を支えるのは論理である。意識を支えるのは思想である。個人の成長こそが組織の成長の原点である。「主体が、自力で自己を再生産する（成長）」。労働組合は、一人ひとりの人生に肉薄する努力をし、組合員は自分が「よく学び・よく遊び・よく働く」と同時に、相互に共同し、応援しあう心構えが必要である。

コミュニケーションなくして社会（組織）なし

中堅でバリバリ活躍しているオペレーターが、新人時代、強い孤独感に襲われた。それを克服できたのは、自分の仕事が「ホテルを代表している」という認識に至ったからである。一人ひとりの仕事がホテルを代表しているのである。誰もが仕事を通してホテルを代表している。ホテルを代表しているという認識が「連帯」感なのである。孤独は連帯なき

（連帯が感じられない）状態である。

社会（組織）が前提でコミュニケーションがあるのではないのだ。コミュニケーションが成立したから、社会（組織）が成立したのだ。「コミュニケーションなくして社会（組織）なし」。地味な課題ではあるが、わが組織において、コミュニケーションの状態がどうなっているか。常に最優先するつもりで取り組むべき課題である。電話一本で「想像力」を駆使して、お客さまの気持ちに迫る、オペレーターの話は単にオペレーターという仕事だけの視点ではない。コミュニケーションには、これでよろしいという到達点がない。日々是新にして、常に組織やチームが陥没しやすい「見えざる穴」が口を開けていることを忘れたくない。

経営参加、そして民主主義の推進を

わが国の労働組合のほとんどは敗戦後に誕生した。一九四五年以降続々結成されたので、早い組合は昨年から今年が結成70周年になる（明治・大正時代にも組合は組織されたが、直接継続してはいない）。結成時の先人たちがどのような志をもって組合を立ち上げたか、忘れないようにしよう。

戦後の組合は同一企業に働く人々によって組織されているので企業別組合である。ただし、企業別に組織しているからといって、活動課題が企業内のみに止まるのではない。これをまず念頭に置かねばならない。

ポツダム宣言（一九四五年七月二六日）を受諾して敗戦した。そのなかに「日本国民の間における民主主義的傾向の復活強化」が掲げられており、続いて占領軍GHQによって積極的組合育成の方針が打ち出された。ここからポツダム組合と称されたのである。ポツダム宣言がわが国の民主主義推進を明確に打ち出し、それに基づいて組合を結成し活動してきたという意義は、極めて重要であり、まさに組合の存在理由の根幹である。

敗戦までの雇用関係は、雇用者からすれば「働かせてやる」、被雇用者としては「働かせていただく」のであった。だから、雇用者に不満を言うとか、なにか要求するなどは不逞の輩とされて、弾圧された事例がたくさんある。被雇用者は雇用者の命令指示に対して忠実に忠誠心をもってひたすら分相応の働きをする。それに対して雇用者が愛い奴だと思えば恩情ある計らいをしてくださるのである。すなわち労使は非対等なのであった。

このような労使関係は、根っこに封建思想がある。労働力と賃金の交換取引をするのであるから労使は対等でなくてはならない。しかし、かつては働かせてやるのだから、賃金などの報酬は恩情なのであった。たとえば「給与」という言葉がある。金品をあてがい与えることである。ここにも厳密にみれば雇用者と被雇用者の間の非対等性が出ている。「賃金」と「給与」の違いは、金額は同じでもきっちり考え方の違いがある。

ポツダム組合を出発点から長期的に眺めれば、一貫して労使対等を達成するために活動展開してきたわけである。賃金を雇用者の恣意に委ねるのではなく、被雇用者として必要・妥当な金額を要求するのが賃金交渉である。雇用者が自分の考えだけではなく、被雇用者と相談して賃金を決定するのが賃金交渉であるから、賃金決定という経営活動に被雇用者が参加するのであり、形は労使協議であり、経営参加であり、その核心は労使対等の思想である。

ところで、賃金は雇用者・被雇用者が折り合って決定したとしても、ここに「働き方」の問題がある。A円の賃金を得るために働く時間が一時間であるのと、一時間一〇分であるのとでは実質賃金は全然異なる。また、賃金A円で従来一日一〇個生産していたのを、一五個生産するようになれば、実質賃金は大きく下がっている。「働き方」をどうするべきかという課題も労使双方が納得ずくで合意しなければ労使対等ではない。つまり、労使対等というのは被雇用者が働くことを通して職場における民主化を実現していく課題である。今日それが十分に達成されているだろうか。労使対等は一つの運動であるから、手抜きすれば非対等になってしまう。これ被雇用者の権利問題だけではない。被雇用者が本気で働き方を考えないとすれば、仕事の質が向上しないから、雇用者にとっては、名目は安い賃金であっても、実は高い賃金を支払っているわけである。

次に、仮に職場の民主化に不満がないとして、ポツダム組合のお仕事は十分に達成されたのであろうか。組合は、わが国の民主主義の生成発展を担うように期待された。だから憲法よりも早く労働組合法が施行された。被雇用者＝労働者大衆こそがわが国の民主主義の基盤である。労働者大衆＝市民が民主主義の在り方に自負と責任を感じなければ、わが国の民主主義はいまだ道遠しというしかない。

労働組合は社会的存在たることを目標としていただきたい。社会的問題（課題）について、組合員一人ひとりが認識して、意見交換を日常的にやらなければ、社会を前進させることはできない。大きくいえば、わが国の民主主義を前進させるという視点を確立してほしい。なぜならば、成熟した人間は、自分と家族の生活だけに沈没するような存在ではなく、社会的存在たる人だからである。

民主主義を前進させることはすべての日本人が担わねばならない。帝国ホテルという舞台のみに止まらず、全世界を舞台とする「役者」としての労働組合運動をめざしてほしいのである。

参考文献

帝国ホテル労働組合三〇年史編纂委員会編『窓　大谷石――その光と影と』帝国ホテル労働組合、一九七六年。

帝国ホテル労働組合列車食堂支部編『ひかり――列車食堂支部五年のあゆみ』帝国ホテル労働組合列車支部、一九七七年。

帝国ホテル労働組合四〇年史編纂委員会編『創造への闘い――それからの一〇年』帝国ホテル労働組合、一九八六年。

帝国ホテル労働組合五〇年史編纂委員会編、高田佳利執筆・監修『帝国ホテル労働組合五〇年のあゆみ』帝国ホテル労働組合、一九九六年。

運動の検証編纂委員会編、高田佳利執筆・監修『運動の検証　帝国ホテル労働組合』帝国ホテル労働組合、二〇〇一年。

犬丸徹三『ホテルと共に七十年』展望社、一九六四年。

竹谷年子『客室係がみた帝国ホテルの昭和史』主婦と生活社、一九八七年。

山﨑俊一『私の総評日記――終始働く者、弱き者のために闘った仲間たち』文芸社、二〇〇五年。

おわりに

わたしは、帝国ホテル労働組合が歩んできた年月とほぼ同じ長さの人生を刻んできた。青春時代は、一九六〇年代の高度経済成長と重なる。製造業で働いていた。機械設計屋のスターならぬ星屑当時を振り返ると、とても貧しかったけれども、職場も会社も社会も妙に活気があった。

最近、つくづく考え込むことが少なくない。思えば、敗戦後の廃墟と混乱、茫然自失から立ち上がって、「黄金の一九六〇年代」へ飛び込み、「石油ショックの一九七〇年代」を克服し、「ジャパン・アズ・ナンバーワン」の一九八〇年代を駆け抜けたはずではなかったのか。いまの日本は、一九九〇年代にバブル崩壊して以降、五里霧中というか、あまりパッとしたところがない。社会の気風は、無関心・無気力・無感動、誇りと自信喪失の真っただ中にあるようにも感じられる。

とはいえ、社会を構成する人々の資質などというものは、ひょいちょいと変質しない。以前が優れていたのであれば、いまも変わってはいないはずだ。いまが本当にアカンのであれば、かつてもアカンかったはずだ。自分たちは、やるべきことをやってきたか。きちんと後世代にバトンタッチしてきたのであろうか。いまを単純に批判するとか、昔はよかった、などと口が裂けても言えない。

筆者の青春時代、職場は最先端技術を追い、常に新製品開発に挑戦していた。目標に向かって歩み続けようという気概があり、数々のヒット商品を打ち出した。創作した作品もさることながら、なによりも組織と個人が目標を共有して、職場の星も星屑も「学び・働き・遊ぶ」日々を楽しんでいた。これが、わたしの職場のエートスと言ってよかったと思う。一〇〇人のインタビューを終えて、また、帝国ホテル労働組合七〇年を辿って、ひさびさ清々しさと喜びで満たされた。

「これは自分の仕事なんだ」という発言があった。ファウスト流にいえば、太初に言葉ありきではなく、太初に業ありきだ。そして、帝国ホテル労働組合のファウストたちは「もっと勉強する」という言葉を何度も語った。修業精神こそがプロフェッショナル精神である。いわく、「心はアマチュア、腕はプロ」（をめざす）というわけだ。短いようで長い人生だ。みんなの職業人生は五〇年に及ぶ。いつも家内安全・無病息災とはいかない。明日、何が起こるかわからない。だから、仕事に魅力を感じて、日々、職業人生を刻むのは、素晴らしい人生の支えでもある。こんな言葉も思い浮かんだ。「ほとんどすべての古い仕事は骨折り仕事であった。それは、子どもの、野蛮人の、田舎者の骨折り仕事かもしれぬ。しかし、それは常に彼らの仕事の限りを尽くしたものであった」(ジョン・ラスキン)。

「自分が成長したい」と願い、日々善戦健闘する人々が作っている組合は素晴らしい。個人の成長が組織の成長の原点である。成長とは「主体が、自分で自己を再生産する」ことだ。そして、これが「自立人間」という概念である。主体的・自発的に、自分を自由に発揮していこうという気風である。社会学でいう「自己組織性」が浮かび上がった。自分の活動自体によって、自分が変化し、成長していくことだ。状況を変えるためには、まず自分が変化しなければならない。

ところで、もう一つ。自分の人生をかけて、判断し実践するところのモノ(something)、人生における「なにか」、すなわち人生の意味がほしい。そのモノの手応えが薄いという認識もまた垣間見えた。だから「これから、いかなる人生を創造したいか」という課題については、どなたもおいそれとは回答できない。長く組合が停滞してきた理由の重要な視点がこれではないかと思う。
それゆえ私は期待するのである。
「いかに生きるべきか」を自問自答しつつ生きる人々によって「新たな連帯」を模索し創造する運動体を労働組合が志向するとき、デモクラシーに毅然として立脚した組合運動モデルが再建されるのではないだろうか。

貴重な勉強の機会を与えてくださった帝国ホテル労働組合のみなさま、さまざま有益なご意見をいただいたミネルヴァ書房の三上直樹さま、水野安奈さま、原稿作成に協力していただいた片山洋子さんに、紙面を借りて深甚なる感謝をいたします。ありがとうございます。

二〇一六年六月

奥井禮喜

索　引

欧 文

あ 行

か 行

さ 行

た　行

ら 行

わ 行

《著者紹介》

奥井禮喜（おくい・れいき）

1944年　生まれ。

　　　　元三菱電機労働組合中央執行委員。

現　在　（有）ライフビジョン代表。

　　　　人事・労働問題を中心に講演、コンサルティング、執筆活動を行っている。

著　作　『元気の思想——仕事・余暇・暮らし』（NTT 出版、2000年）、

　　　　『だから、組合に行こう——自分と社会の未来のために』（ライフビジョン出版、2010年）、

　　　　『個人主義の精神——人生を考え抜くちから』（ライフビジョン、2012年）、

　　　　『歴史と民主主義——自覚史観』（ライフビジョン、2014年）

　　　　ほか多数。

帝国ホテルに働くということ
——帝国ホテル労働組合七〇年史——

2016年7月10日　初版第1刷発行　〈検印省略〉

定価はカバーに
表示しています

著　者　奥 井 禮 喜
発行者　杉 田 啓 三
印刷者　藤 森 英 夫

発行所　株式会社　ミネルヴァ書房
607-8494　京都市山科区日ノ岡堤谷町1
電話代表（075)581-5191
振替口座　01020-0-8076

亜細亜印刷

ISBN 978-4-623-07660-4
Printed in Japan